JN087150

Investment Textbook

投資の教科書

資産形成に関わる皆さまへ

株式会社F学　園田裕樹 ［著］
Hiroki Sonoda

中央経済社

はじめに

　本書は，日本において「金融教育」と「資産運用」を多くの方々に広めることを目的としています。

　大上段に構えたように映るかもしれませんが，決して私一人で偉そうに熱弁をふるって，満足しようなんてことではなく，本書を手に取っていただいた読者の皆さんと一緒に考えていきたいと思い筆を執りました。

　最近は，ようやく日本でも「金融教育」と「資産運用」の重要性を唱える声が大きくなっている印象がありますが，なかなか浸透していないのが現状かと思います。

　まずは，その要因を大きく2つに分けて，それらをいかに改善していくかについて共有させていただきます。

◇「金融教育」と「資産運用」が浸透しない要因①
　資産運用を博打(ばくち)と勘違いして，足踏みしているケースが多い。

↓

　本書では，「投資と投機の違い」に加え，「正しい手法をとれば安定的に資産が拡大する理屈(りくつ)」について詳しく解説しています。

◇「金融教育」と「資産運用」が浸透しない要因②
　金融や経済についての指導方法が確立されていないため，金融教育の指導者が育たない。

↓

　本書は，指導者に必要な知識の習得だけでなく，実際の指導力の強化までをイメージした内容を目指しています。さらに，「学問」としてではな

く，「教養」あるいは「常識」レベルに目線を合わせて，「金融知識の必要性」から「資産運用の手法」まで専門用語を使わずにわかりやすくまとめています。

　以上のような2つの考え方を軸にして，金融教育や資産運用に携わる幅広い方々の参考となるよう心がけました。

　中学校・高等学校の先生はもちろん，これから金融業界でご活躍される方々，あるいは，金融業界で長くご活躍されているベテランの方々にも，伝え方の引き出しを拡充する意味合いで，ご参考にしていただけるかと思います。

　また，一般の方でもご自身の資産運用を考える際の参考書としてご活用いただけます。ぜひ一般の方も，本書で学んだ内容をご家族や知人など周囲の方と共有していただき，金融教育の輪を広げていただければと思います。

　本書を手に取っていただいた皆さんと一緒に，「お金を学ぶ文化」を日本に根づかせ，日本経済の発展に貢献したいと考えています。金融教育の普及に向けて，本書がその一助となれば幸いです。

2023年3月

園田裕樹

Contents

序　章

　冒頭で「金融教育」と「資産運用」が浸透しない要因は大きく２つある
と述べました。

　要因①　「投資」と「投機」についての誤解

　要因②　「金融・経済」について指導方法が確立していない

　本書では，この２つの要因を改善するのに必要なエッセンスを共有する
ことから始めます。

　まずは，要因①の「投資と投機についての誤解」についてです。

　字面からお伝えしたいことはお察しいただけるかと思いますが，「投資」
と「投機」の違いをわかりやすく説明するのは，意外と難しいものです。

　そこで実際に，「投資と投機の違い」を実感できる簡単なゲームを例に
説明方法を共有してみたいと思います。

　たとえば，皆さんが「投資で老後資金を準備しよう！」と考えていたと
ころに，次のようなゲームを提案されたとしましょう。

　皆さんだったら，参加しますか？　それとも，辞退しますか？

＊＊＊＊＊＊＊＊＊＊＊＊＊＊＊＊＊＊＊＊＊＊＊＊＊＊＊＊＊＊

【コイントスゲーム】

参加費：１回１万円

コインを投げて，

"表"が出れば，賞金３万円

"裏"が出れば，なにもなし

＊＊＊＊＊＊＊＊＊＊＊＊＊＊＊＊＊＊＊＊＊＊＊＊＊＊＊＊＊＊

8

老後資金に向けた投資として，いかがでしょうか？

結論をお伝えします。

えっもう結論？　という声が聞こえてきそうですが，このゲームは"参加"が正解です。

その理由は明快です。このゲームはやればやるだけ儲かるからです。

それはどういう理屈なのか，丁寧にみていきましょう。

まず，コイントスを行った場合，"表"が出るのか，"裏"が出るのか，回数を重ねるごとの出現頻度のイメージは，次の図表のようになります。

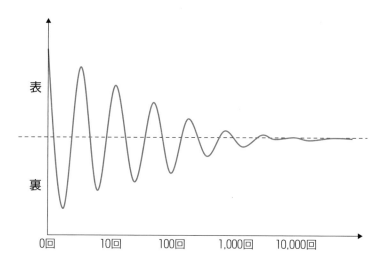

たとえば，参加するゲームの回数が10回から100回ぐらいの場合，運が良い人は"表"がたくさん出て儲かります。一方，運の悪い人は"裏"ばかり出て後悔することになります。

このように，たまたま"表"が出るか，"裏"が出るか，という「機会」に資産を「投じる」ことを「投機」といいます。

　次に，ゲーム回数が10回や100回ではなく，1,000回，10,000回と繰り返し参加するとどうなるでしょう？

　図表を見てもわかるとおり，"表"と"裏"が出る確率はほぼ半々になります。言い換えるならば，2回参加すると，1回は"表"が出るということです。

　その場合，2回分の参加費が2万円（1万円×2回），2回のうち1回は"表"が出るので賞金3万円を獲得できます。

　要は，2回参加すると，1万円（賞金3万円－参加費2万円）儲かることになります。

　したがって，確率的に考えた場合，このゲームは長期的に参加することで，安定的に資産が拡大する構図が見えてきます。

　これがまさしく投資のイメージです。

　運任せではなく，大数の法則をもとに，長期的な展開を予測し，確実性に資産を投じることで安定的な資産拡大につなげる。これが「投資」になります。

　このように，「投資」と「投機」は似て非なる存在ということを理解することが，まずは重要になります。

　しかしながら，日本人はこの「投資」と「投機」を区別して考えることが，特に下手くそな人種だといわれています。

　そのため，長期運用が重要だと理解していても，目先の運用結果に一喜一憂して，感情的な売買を繰り返してしまう……。そんなシーンが多いのが日本人なのです。

　その結果，安定的な資産拡大につながらず，資産運用に恐怖心をいだいてしまい，資産運用が普及しないといわれています。

　そこで，「投資」に関する正しい知識を浸透させるために，本書では，次のような点を軸に，「投資」を継続するうえで必要となる基礎知識について解説していきます。

◆そもそもどうして「投資」が必要なのか
◆「投資」をした場合，リターンの目安はどれくらいなのか
◆どうすれば安定的な資産拡大に成功するのか

　次に，「金融教育」と「資産運用」が浸透しない２つ目の要因である「金融・経済について指導方法が確立していない」点についてです。

　昨今，世界中で金融教育を重視する動きが拡大しています。
　たとえば，OECD（経済協力開発機構）によると，2020年５月時点で世界の70カ国以上が金融リテラシーの向上を国家戦略に掲げています。また，日本証券業協会の調査によると，米国の中学校・高等学校では８割以上の州で金融教育が実施されているそうです。
　このように，世界的な金融教育の広がりを受け，日本でも株式や保険，投資信託などの「資産形成」の科目が高等学校で必修化されるなど，金融教育の拡充が進んでいます。しかし，日本で金融教育を普及させるには，いくつか課題が存在するといわれています。それはどんな課題なのか，金融教育に関するアンケートをもとに共有させていただきます。

　まずは，興味深いアンケート結果をご覧ください。こちらは日本証券業協会が中学校や高等学校の先生に対して実施したアンケートです。その中では「金融経済教育の必要性」について，全体の95％を超える先生が，「必要である」もしくは「ある程度必要である」と回答しています。

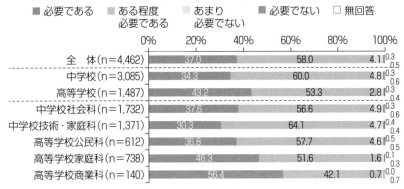

金融経済教育の必要性

■ 必要である　■ ある程度　□ あまり　■ 必要でない　□ 無回答
　　　　　　　　　必要である　　必要でない

	必要である	ある程度必要である	あまり必要でない	必要でない	無回答
全　体(n=4,462)	37.0	58.0	4.1	0.3	0.5
中学校(n=3,085)	34.3	60.0	4.8	0.3	0.6
高等学校(n=1,487)	43.2	53.3	2.8	0.3	0.3
中学校社会科(n=1,732)	37.6	56.6	4.9	0.3	0.6
中学校技術・家庭科(n=1,371)	30.3	64.1	4.7	0.4	0.4
高等学校公民科(n=612)	36.8	57.7	4.6	0.5	0.5
高等学校家庭科(n=738)	46.3	51.6	1.6	0.1	0.3
高等学校商業科(n=140)	56.4	42.1	0.7	0.0	0.7

（出所）金融経済教育を推進する研究会「中学校・高等学校における金融経済教育の実態調査報告書」（平成26年4月）

　一方で，「金融経済教育に関する授業時間の確保状況」については，全体の約6割の先生が，「不十分である」もしくは「やや不十分」と回答しています。

授業時間の確保状況

■ 十分である　■ やや十分　□ やや不十分　■ 不十分である　□ 無回答

	十分である	やや十分	やや不十分	不十分である	無回答
全　体(n=3,128)	7.2	32.3	46.9	12.1	1.6
中学校(n=2,097)	8.1	36.2	45.1	9.1	1.5
高等学校(n=1,110)	5.3	24.6	50.8	17.7	1.6
中学校社会科(n=1,266)	9.9	37.9	43.4	8.0	0.9
中学校技術・家庭科(n=845)	5.6	33.4	47.3	11.1	2.6
高等学校公民科(n=428)	5.4	24.5	51.2	18.0	0.9
高等学校家庭科(n=575)	4.9	23.8	51.0	18.3	2.1
高等学校商業科(n=109)	7.3	29.4	47.7	13.8	1.8

（出所）金融経済教育を推進する研究会「中学校・高等学校における金融経済教育の実態調査報告書」（平成26年4月）

　ここからわかることは，大半の先生が「金融教育の必要性」を認識しつつも，「十分に教育できていない」と感じているのが現状ということです。

　加えて，こちらは先生が「金融教育の授業をする際に"難しい"と感じる点」についてアンケートを実施したものです。結果を見ると，「生徒にとって理解が難しい」や「教える側の専門知識不足」と回答する先生が約半数を占めています。

授業実施の際に難しいと感じる点　　　（件，％）

	学校別		担当教科別				
	全体	中学校	高等学校	中学校社会科	中学校技術・家庭科	高等学校公民科	高等学校家庭科	高等学校商業科
調査数	4,462	3,085	1,487	1,732	1,371	612	738	140
生徒にとって理解が難しい	48.9	49.9	46.3	56.2	41.8	52.9	40.1	50.0
教える側の専門知識が不足している	48.4	49.4	45.9	42.1	58.4	36.3	54.7	40.7
授業時間数が足りない	44.9	44.4	46.2	45.2	43.5	47.9	48.5	27.1
現実経済の変動が複雑すぎる	37.8	38.9	35.0	48.0	27.5	40.4	30.4	36.4
適当な教材がない	26.6	28.3	23.2	23.0	35.0	22.1	24.3	22.1
生徒の興味・関心が低い	25.7	22.4	33.0	19.1	26.6	33.0	31.8	38.6
教員研修などの機会が少ない	14.0	13.6	14.9	10.7	17.2	11.8	16.4	20.7
学校現場にはなじみにくい	5.2	5.4	4.5	5.1	6.0	5.6	3.3	6.4
保護者の理解が得にくい	0.2	0.3	0.1	0.3	0.3	0.3	—	—
その他	1.0	0.9	1.1	0.9	0.9	0.7	1.2	2.9
無回答	1.6	1.6	1.8	1.5	1.6	2.0	1.6	2.1

（出所）金融経済教育を推進する研究会「中学校・高等学校における金融経済教育の実態調査報告書」（平成26年4月）

　この結果から，教える側の「指導力不足」や「金融知識不足」が要因で金融教育が進んでいないことが推測できます。

　また，この「指導力不足」や「金融知識不足」という課題は，学校教育に限らず，プロの世界にも存在すると考えられます。

どんな業界でも，プロの方が一般向けに目線を合わせて指導するのは容易ではないことかと思います。

たとえば，金融業界の方が，一般の方から「資産運用に必要な金融知識をイチから教えてほしい」と言われても，何からどのように教えればよいのかわからず，頭を抱えるケースは多いのではないでしょうか。

このような点からも，金融教育や資産運用の普及には，指導者側の「金融知識の強化」や「指導方法の確立」が必要だと考えます。

そこで，本書では，金融工学やアセットアロケーションのような専門的な金融知識を用いて資産運用を解説するのではなく，文言や表現を学生レベル，初心者レベルに合わせて解説する方法についてまとめています。

私が経営する株式会社F学では，年間1万名を超える金融機関や士業の方に対して，金融教育を実施しています。そのような経験を活かし，これまでに培ってきた金融教育の実践的なノウハウをまとめました。本書を通じて，少しでも金融教育の普及に貢献できればと考えています。

それでは，少し前置きが長くなりましたが，以上の「正しい資産運用の考え方」と「その解説方法」という2つの軸に沿って，本題に移っていきたいと思います。

第 1 章

金融知識を強化するメリット

16

皆さんは，

「どうしてお金について勉強することが大事なの……？」

と聞かれたら，どのように答えますか？

「資産運用が上手になるため！」とか「お金で困らないため！」というような回答を思い浮かべる人が多いのではないでしょうか。

もちろん，金融知識を強化することは，資産拡大につながります。

しかし，お金について学ぶメリットはそれだけではありません。

金融知識の強化は，より前向きな人生の獲得にもつながります。

たとえば，一例として，資金調達の知識を身につけることで，法人格をもって組織立ったビジネス展開が可能になったりと，自分一人の資本では成し遂げられないような，大きな夢へのチャレンジが可能となります。このように金融知識の強化には，人生のチャンスを拡大する効果があります。そして，人生のチャンスが拡大することは，前向きな人生へのモチベーションへと発展します。

まとめると，金融について学ぶメリットは，大きく2つあります。

1．人生のチャンスが広がる

2．資産拡大による豊かな人生の獲得

前者は，当然と思われる「資産拡大」以外の恩恵であり，後者は「資産拡大」に伴う恩恵ということになります。

そこで，ここからはこの2つのテーマに沿って，その理屈を深掘りするとともに，実行するための具体的なアクションプランまで共有していきたいと思います。

1．金融知識向上による「資産拡大」以外の恩恵

①　人生のチャンスが広がる

　それでは，金融教育によって「人生のチャンスが広がる」までの流れについて，詳しくみていきます。

　たとえるなら，大学生が就職活動を始めた時に近いかと思います。学生が会社説明会に行くたびに「こんな仕事もあるんだ！」，「この会社ってこんなこともやっていたんだ！」と新たな発見を重ねて夢ができるような感覚です。

　このような流れで，本気でなりたい仕事を見つけて内定を勝ち取った新入社員と，受かりそうな会社を選んで働く先を決めた新入社員では，その後の人生の充実度に大きな差が出るのはご想像のとおりかと思います。

　これは学生に限った話ではなく，大人でも同じだと考えます。

　大人も金融について学べば，人生のチャンスが広がります。

　たとえば，財務的な知識を磨き，より企業成長に貢献することで報酬が増えれば，プライベートな環境は充実するでしょう。他にも，ファイナンスの知識を身につければ，起業をして夢を追求する人も出てくるでしょう。

逆に，魅力的な企業を見つけて出資することで，成長を応援するという選択肢をとる人も出てくるかもしれません。

このように，大人も金融について学べば，人生の選択肢は拡大します。

そして，人生100年といわれる昨今，定年を過ぎても大抵のことはチャレンジできるかと思います。いくつになっても金融知識を向上させることで，より前向きな人生を手にすることが可能になるかと思います。

また，金融や経済について一度学ぶと，世の中を「お金」という尺度で見ることができるようになり，日々の生活が金融・経済の勉強会へと発展します。

たとえば，株式投資を始めると，今まで目にとまらなかった企業が気になるようになります。

流行っている商品やサービスがあれば，その商品・サービスを提供している会社の株価はどうなっているだろうかとか，円安になると，旅行客が増えてインバウンド関連の企業の業績は期待できるのではないか，というように，世の中のお金の流れに興味が湧いてきます。

このような世の中を見る眼は，人生設計や資産運用，会社の経営戦略など，幅広いシーンで活躍します。

以上のように，金融知識は，資産拡大だけでなく，人生の充実にもつながるという観点で万人に必要な知識であると考えます。また，一度金融知識のベースが確立すると，日常生活が金融の学び場となることからも，金融学習は早期に取り組むことが重要だと考えます。

┌─【ここまでのまとめ】─┐

◆**伝えたいポイント**

金融教育による資産拡大以外のメリットは次の2つ

メリット1：人生のチャンスが広がり，ワクワクした人生に発展する

メリット2：豊かな人生の獲得につながる

◆**伝える際のロジック**

金融学習のメリット①：ワクワクした人生につながる

1．「金融教育」は「社会構造の理解」につながる

2．「社会構造の理解」は「視野の拡大」に貢献する

3．「視野の拡大」は「新たな可能性の発見」につながる

4．「新たな可能性の発見」は「人生のチャンス」を拡大させる

5．「チャンスの拡大」は「将来へのモチベーション」へ発展する

金融学習のメリット②：豊かな人生の獲得につながる

1．「金融知識」を強化すると，株価や物価，為替の変動要因を理解できるようになる

2．経済のしくみを理解すると，お金の有効活用が上手になり，資産拡大につながる

3．資産拡大の成功体験によって，株価や為替など経済への興味・関心がより高まり，金融学習が習慣化される

4．金融学習は資産拡大，人格成長につながり，日々の積み重ねはいずれ大きな差となる（金融学習は早期のスタートが重要）

② お金というモノサシは論理的な判断を可能とする

　次に，株価を見てみましょう。

　次の図表は，日本を代表する食品関連大手４社（味の素，サントリーBF，DyDo，ニチレイ）の株価になります。2021年１月を100として算出しています。

　ちなみに，2021年１月頃は，コロナのワクチン接種が世界中で開始され，少しずつコロナからの回復期待が高まっていたような時期になります。

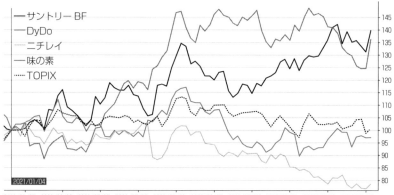

（出所）Ｆ学作成

　これらの株価を見ると，日本株の平均的な水準を表すTOPIXを挟んで，株価が上下に２極化しているのがわかるかと思います。

　これは，投資家からの期待感が大きく２つに分かれていたことを意味します。

　「DyDo」と「ニチレイ」よりも，「味の素」と「サントリーBF」の方が業績の期待ができるのではないか，というようなイメージです。

　では，どうして同じ食品関連の企業にもかかわらず，業績への期待が２極化したのでしょうか。

　この背景には，世界的なインフレ（物価上昇）と各企業の「海外売上比率」が影響しています。

　まずは，物価と給与の関係性です。物価と給与は連動性が強いという特徴があります。要は，世界的には，物価が上がれば，給与も上がるということです。

　しかし，日本は終身雇用の文化が根強く，一度雇用すると，なかなか解雇するハードルが高いうえ，一度給与を上げると，なかなか給与を下げることも難しいため，給与を上げることに慎重な企業が多いといわれています。

　まとめると，

・海外は物価が上がると給与も上がりやすい

・日本は物価が上がっても給与が上がりづらい

ということです。

　次に，海外での売上高の割合を企業ごとに見てみましょう。

　それぞれの海外売上比率は「DyDo」は約7%，「ニチレイ」は13%程度と低い一方，「味の素」は約56%，「サントリーBF」は46%程度と高い傾向がみられます（※2022年1月末時点の海外売上高比率（通期））。

　まとめると，

・「DyDo」，「ニチレイ」は海外での売上比率が低い

・「味の素」，「サントリーBF」は海外での売上比率が高い

　この情報をもとに投資家の心理を予想してみましょう。

　「コロナによるロックダウンの解除も進み，世界的にインフレが加速するだろう。その場合，給与と物価が連動しない日本よりも，物価上昇に連動して給与も上がりやすい海外の方が消費は落ちにくいだろう……」

こんな予測を投資家が立てるシーンは共感いただけるかと思います。

したがって，世界的なインフレが加速するなか，「給与も上がりやすい海外の方が消費は落ちにくいだろう」という想定のもと，海外売上比率が高い「味の素」と「サントリーBF」の方に株式の買いが集まったというわけです。

いかがでしょう……。

皆さんは，世界的なインフレが加速するタイミングで，「DyDo」，「ニチレイ」ではなく，「味の素」，「サントリーBF」を選択できた自信はありますか？

各社の海外売上比率を調べる手間だけ考えても，なかなか難しいのではないでしょうか。

まさにこのような，投資先の選定や情報収集を皆さんの代わりにやってくれるのが，金融機関の担当者や投資信託ということになります。

このような伝え方をすると，金融機関の担当者をつけたり，投資信託を活用したりすることが有効だと感じそうですが，そう簡単ではありません。なぜなら，担当者をつけたり，投資信託を活用したりする場合は，その分の手数料がかかるからです。

資産運用は，いかに「コスト」を抑えて，「利益」を残すかが重要です。

とはいえ，「コスト」を抑えるために，「何でも自分でやってしまおう」という判断も正解とはいえません。

大事なのは，資産運用に限らず，費用対効果を意識してお金を使うことです。

たとえば，月収30万円の人が，自分でやれば1カ月かかる作業を5万円払って他人にやってもらえるなら，そのコストは払う価値があるという発想です。30万円分の時間を5万円で買ったという感覚です。

　他人にお願いすれば，5万円のコストは出ていきますが，その対価として時間換算した価値でいえば，30万円分の成果物が手に入ります。

　一方で，依頼せずに自分ですれば，5万円を失わずに済む代わりに30万円の収益機会を失います。

　この場合，前者を選択し，5万円を支払って30万円に値する成果物と労働による30万円の収益を選択した方が効率的に資産が拡大します。何事も「コストを節約して自分でやってしまおう」という発想でいると，いつまで経っても効率的に資産は増えませんし，時間的な余裕も生まれません。

　このように，お金を支払う場合の判断で重要になるのが，「合理的にお金を使う」という発想です。支払うお金とその対価の妥当性が重要になります。

　このような発想は日常生活の買い物でも一緒です。

　たとえば，「通常300円のタマゴが，特売で100円！」というチラシに飛びついてしまうシーンです。

　スーパーまでの往復に1時間……，タマゴの行列に並んで20分……，つい他の商品も見てしまい30分……，そして，レジに10分……。

　合計2時間。

　これだけ労をかけて手にしたタマゴへの満足度は200％でしょう。

　ただ，この2時間と節約した200円を天秤にかけてみると，どうでしょう？

　時給100円の節約……。

　決して，節約が悪いという話ではありません。お金も有限なので，無駄な出費を減らすことは大切なことです。ここで伝えたいのは，200円の節約に動く前に，自分の費やす「労力」が受ける対価と釣り合っているか。こんな発想が大事ということです。

　要は，200円の節約は諦める代わりに，同じ2時間で200円以上の収益を作ることができれば，その方が資産は増えるわけです。最近は趣味やスキルを活かした副業など，手軽にスポット収入を生み出す選択肢が増えています。少なくとも時給1,000円近くにはなるかと思います。

　時給100円の節約か，時給1,000円の収入か，その積み上げによる資産額の差は莫大です。時間の使い方ひとつで資産の増え方には雲泥の差が生まれるということです。

　このように，効率的に資産を築くには「単純に安さを求める」のではなく，「得る価値」と「費やす労力」を「お金」というモノサシを使って数値的に判断することが重要になります。これが費用対効果を考えるということです。

　効率的に資産を増やすための具体的な考え方と行動としては，次の2つが挙げられます。

1．使う労力（自分の労力の価値：自分の時給×時間）と得られる対価が釣り合っているか

　　※逆もしかり

　　支払うお金と，それにより浮く時間の価値（自分の時給×時間）は釣り合っているか

2．お金で時間を買い，浮いた時間で，支払った金額以上の収益を生む

　　例）タクシーで移動し，自分が運転する時間を買う

　　　　タクシーの移動中に仕事をし，タクシー代以上の収益を上げる

　この2点を意識してお金を使うことで，より効率的に資産を拡大することが可能となります。ぜひ皆さんも，いかに費用対効果の良い時間の使い方をするか，お金の使い方をするか，この2点を意識して効率的な資産拡大につなげていただければと思います。

─────【ここまでのまとめ】─────

◆**伝えたいポイント**

　いかに費用対効果の高い時間の使い方をするか，お金の使い方をするか，この2点を意識することで，より効率的に資産を増やすことが可能となる

◆**伝える際のロジック**

1．効率的に資産を増やすには，
　　費用対効果を意識してお金や自分の労力・時間を使うことが重要

2．他人に自分の労力を委託するかどうか，節約のために自分の労力をかけるかどうかの判断は，お金という数値的なモノサシを使うことで，論理的な決断が可能となる

3．費用対効果を意識してお金を使う際のポイントは次の2つ
　①　使う労力（自分の労力の価値：自分の時給×時間）と得られる対価が釣り合っているかどうか
　　　支払うお金と，それにより浮く時間の価値（自分の時給×時間）は釣り合っているかどうか
　②　お金で時間を買い，浮いた時間で，支払った金額以上の収入を生む

２．金融知識向上による「資産拡大」に伴う恩恵

①　金融知識の強化が資産拡大につながる根拠

　ここでは，金融知識の強化が資産拡大につながる理由についてみていきましょう。決してFXや株式投資のスキルを磨くことで投資が上手になるという淡泊な話ではありません。

　たとえば，皆さんが「資産運用に興味があるけど，そもそも運用する資金がない……」という状況だったとしましょう。

　このような状況で「資産運用を始める」となると，どんな策が思いつきますか？

　「まずは，副業やアルバイトで運用資金を貯める」という回答が思いつくかもしれません。たしかに，これも１つの手段ですが，運用資金が貯まるまでには相当な時間がかかり非効率です。

　では，この状況に「金融知識」という武器が加わるとどうなるでしょうか？

　たとえば，融資を受けて不動産投資を行うという発想が生まれたり，出資を募って会社を立ち上げたりと，運用資金を準備するまでの時間を節約して，効率的に資産を増やす選択が可能になります。

　他にも，金融知識の有無で差が出る例として，「投資信託」を購入する場合を考えてみましょう。

　投資信託には，ほとんど同じ運用内容でも，毎年の手数料（運用管理費）が１％のものもあれば，その10分の１の0.1％のものも存在します。手数料に10倍も差がある状況で運用し続けた場合，収益に大きな差が出ることは，お察しのとおりです。

　このように，金融知識の有無によって，資産運用の効率性は大きく変化します。

　これを証明する面白いデータがあります。金融広報中央委員会が全国30,000名を対象に2022年に実施した金融リテラシーテストの結果です。

　こちらが点数のグラフです。縦軸が点数で横軸が資産額になります。資産クラスごとの正答率に注目してみましょう。

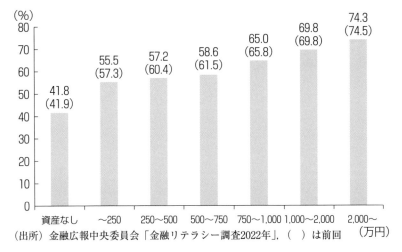

（出所）金融広報中央委員会「金融リテラシー調査2022年」，（　）は前回　（万円）

　右側にいき，資産額がより大きい人ほど正答率が高くなることがわかるかと思います。

　このように統計データからも，金融知識と資産額が比例することは明らかです。

　ただし，金融リテラシーを強化して資産だけ蓄えても，満足のいく人生が歩めるわけではありません。充実した人生には，「お金」だけではなく，「時間」の確保も重要だといわれています。フル稼働で働いて，どんなに資産が貯まっても，家族や知人と過ごす時間がなければ，幸せな人生とは言いがたいと思います。

　重要なのは，資産拡大に費やす「時間」とプライベートの「時間」とのバランスを考えて，人生を設計することだと思います。

　そこで本書では，資産運用の手法だけではなく，豊かな人生につなげるお金の使い方にも触れています。ぜひ充実した人生に向けて階段を一段一段のぼる感覚で読み進めていただければ幸いです。

─────【ここまでのまとめ】─────

◆**伝えたいポイント**

　統計的にも金融知識を高めることは資産拡大につながるといえる

◆**伝える際のロジック**

1．金融知識を高めることで効率的な資産拡大が可能になる

2．金融広報中央委員会が日本人の金融知識についての学力テストを
　　実施している。調査結果では，金融リテラシーテストの点数が高い
　　人ほど金融資産が多い傾向がみられる

3．実際のデータを見ても金融知識と資産額の連動性は明らか

4．したがって，金融知識を高めることは資産拡大につながるといえる

5．そして最も大事なのは，効率的に資産を拡大することで，
　　時間を確保し，より充実した人生につなげること

② 資産を増やす手段
◆労働収入

　ここでは，効率的な資産拡大のために必要な知識について共有します。

　まず，効率的に資産を拡大するには，「お金を稼ぐ方法」について正しく理解することが重要です。

　お金を稼ぐ方法は大きく２種類に分かれます。

１．労働収入（自分が働く方法）

２．運用収入（お金を働かせる方法）

　この２つの方法を理解することが効率的な資産拡大につながります。

　そこで，まずは１つ目の「労働収入」からみていきましょう。

　そもそも，「給料の差」はどうして生まれるのでしょうか？

　給料は「時給×時間」と因数分解できます。

　このしくみを前提に，より給料を多くもらうにはどうすればいいか考えてみましょう。

　たとえば，「５つ星ホテルのシェフ」と，「一般的な定食屋の料理人」を比べた場合，時給が高いのは，「５つ星ホテルのシェフ」だということは理解できると思います。このように，同じ時間だけ働いても，その対価は人によって異なります。１時間働いて1,000円稼ぐ人もいれば，１時間で10万円稼ぐ人も存在します。

　この違いは，同じ１時間でも提供する価値が異なることから生まれます。まさに「自分の価値」＝「時給」ということです。

　したがって，給料をより多くもらうには，自分のスキルを磨き「時給」を上げる必要が出てきます。これが給料を上げる１つ目の方法です。

　次に，もう1つの方法です。給料は「時給×時間」ですので，給料を増やすもう1つの方法は，「より長い時間働く」ということになります。

　まとめると，給料を上げるには，
1. 時給を上げる
2. より長い時間働く
　この2つしかありません。

　しかし，給料を増やすために，「長く働こう！」と決意しても，時間はみな平等に1日24時間と決まっていますし，自分の価値（時給）を上げようとスキルを磨いたり，資格を取得したりするのも，相当な時間を費やします。

　労働収入だけで資産を増やそうと思ってもハードルは高く，非効率ということです。そこで，効率的に資産を拡大するには，「労働収入」だけではなく，「運用収入」を併用することが重要になります。

　それでは，次の項でもう1つのお金を稼ぐ方法「運用収入」について解説します。

──────【ここまでのまとめ】──────

◆**伝えたいポイント**

　自分が働いて稼ぐには限界がある

◆**伝える際のロジック**

１．労働収入の金額は「時給×時間」で決まる

２．労働収入を増やす方法は大きく２つ

　①　自分のスキルを磨き「時給」を上げる

　②　より長い時間働く

３．スキルを向上するのは容易ではないし，長く働くにも限界がある

４．資産拡大を目指す際に「労働収入」だけでは非効率なため，

　「運用収入」も併用することが重要

◆運用収入

それでは，次に「運用収入」について解説します。

運用収入は，「自分」ではなく，「お金」を働かせることでの収入です。

そして，労働収入は「時給×時間」でしたが，「運用収入」は「利益率×時間」と分解することができます。このしくみを理解したうえで，どうすれば，より「運用収入」を増やせるのか考えてみましょう。

労働収入の場合は，1日の中の「労働時間」を増やすことで収入の拡大が可能でした。

「運用収入」で「労働時間」にあたる部分は「運用期間」になります。したがって，できるだけ長期間運用すること，なるべく早く，運用を始めることが重要です。

よく「100万円貯まったら運用を始めよう」というように，ある一定量の「運用原資」が貯まってから資産運用をスタートしよう，という発想をお持ちの方がいらっしゃいますが，この発想は間違いです。

「運用収入」は「利益率×時間」なわけですから，運用期間をより長く確保することが重要になります。したがって，少額でもコツコツと，より早く資産運用を始めることが，運用収入の拡大につながります。

そして，もう1つが「運用効率」です。

「運用収入」は「利益率×時間」なので，より「利益率」の高い投資先を選定することが重要です。

ただし，利益率ばかり追求するのは禁物です。利益率とリスクは比例するからです。実際には，運用先の安全性を確保したうえで「利益率」を追うことが重要になります。

　安全性を確保する必要性は労働収入でも同じです。収入を増やそうと働き過ぎて体調を崩したら元も子もないのと同じかと思います。

　ちなみに，どのように「利益率を追うのか」，「安全性を確保して運用するのか」については，それぞれ第4章，第5章で詳しく解説します。

　次に，この原理原則を押さえたうえで大事なのが，「労働収入」と「運用収入」のバランスです。年を重ねるごとに，身体は無理が利かなくなります。したがって，資産設計では「労働収入」の割合が減ってしまう老後に向けて，いかに「運用収入」の割合を増やすかが重要になってきます。

　これを図で表すと，次のようなイメージです。

　このように，「労働収入」と「運用収入」のしくみを理解し，計画的，かつ効率的に資産形成を行うことが重要になります。

　次の項では，効率的な資産拡大に結び付く「労働収入」と「運用収入」の使い分けについて詳しく解説します。

────【ここまでのまとめ】────

◆**伝えたいポイント**

　資産設計では，「労働収入」の割合が減ってしまう老後に向けて，いかに「運用収入」の割合を増やすかが重要

◆**伝える際のロジック**

1．「運用収入」は「利益率×時間」と分解できる

2．「運用収入」を増やすための，2つのポイント

　①　少額でも，より早く投資を始めて長い運用期間を確保する

　②　より「利益率」が高い先へ投資する

3．資産設計は「労働収入」と「運用収入」のバランスが重要

4．資産設計を計画する際には，老後に向けて
　　若いうちから「運用収入」を積み上げることが重要

③　運用収入の有効性

　この項では，「運用収入」の有効性について，さらに深掘りしたいと思います。

　皆さんはトマ・ピケティという人物をご存知でしょうか？

　この人物は，「お金持ちが，お金持ちになる原理原則」を解明し，ノーベル経済学賞の候補といわれるほど，有名になったフランスの経済学者です。

　そして，トマ・ピケティが有名になった"きっかけ"が，こちらの図表になります。

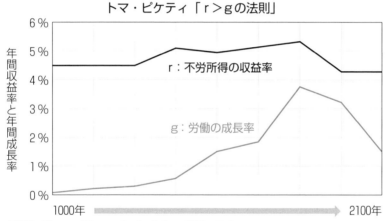

（出所）Thomas Piketty, *Le Capital au XXIe siècle*
　　　（トマ・ピケティ『21世紀の資本』（みすず書房，2014）369頁）

　この図表は，「お金を運用して，資産が拡大するスピード」と，「人間が働いて，資産を拡大するスピード」を約1000年間さかのぼったものです。縦軸は「資産が増えるペース」を表し，横軸が「期間」になります。

　かみ砕いて説明すると，「お金の時給」と「人間の時給」の推移を1000年間比較した図表というイメージです。

　この図表からわかることは，1000年間さかのぼって「お金の時給」と「人間の時給」を比べた場合，1000年間ずっと「お金の時給」が「人間の時給」を上回っているということです。

　要は，人間が働くよりも，お金を働かせた方が，資産が拡大するスピードは速いということです。

　したがって，お金持ちは一般の人よりも多くの「お金」を持っているため，より効率的に資産を拡大させることが可能となり，さらにお金持ちになっていくということを解いています。

　このことからも，効率的に資産を拡大するには，次の2つが重要といえます。

1．「労働収入」だけではなく，「運用収入」も活用する

2．余剰資金は，運用に回す

　ぜひこの2点を意識して効率的な資産拡大につなげていただければ幸いです。

38

┌─────────────────【ここまでのまとめ】─────────────────┐

◆**伝えたいポイント**

　　効率的に資産を拡大させるのであれば，労働収入だけではなく，
運用収入を活用することが重要

◆**伝える際のロジック**

１．フランスの経済学者トマ・ピケティが
　　「運用収入の効率性（お金の時給）」と「労働収入の効率性（人間の
　　時給）」の特徴を研究している

２．資産拡大の効率性を1000年間さかのぼって調査した結果，
　　「労働収入の効率性（人間の時給）」が「運用収入の効率性（お金の
　　時給）」を一度も上回ったことがないことが証明されている

３．効率的に資産拡大するには，「運用収入」を活用することが重要

└──┘

第2章

資産運用の必要性

1．資産運用に対する文化の違い〈日本vs米国〉

　ここでは，日本と米国のお金に対する習慣の違いから，資産運用の重要性について触れていきたいと思います。

　まずは問題です。

　1980年から2021年の約40年間で，日本全体の個人金融資産はどれくらい増加したでしょうか？

　A．約2倍

　B．約5倍

　C．約10倍

　いかがでしょうか。

　約40年で何倍になったと思いますか？

　正解は，Bの約5倍です。

　次のとおり，約372兆円から約2,000兆円まで，約40年で約5倍に拡大しています。

（出所）日本銀行，内閣府の統計をもとにF学作成

　では次に，日本の個人金融資産が約5倍になるなか，米国全体の個人金融資産は同じ約40年間で何倍になったでしょう？

A．約5倍

B．約10倍

C．約15倍

　いかがでしょう。

　正解は，Cの約15倍です。

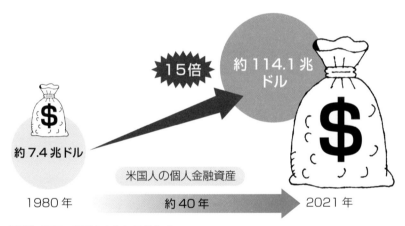

（出所）FRBの統計をもとにF学作成

　上記のように，米国の個人金融資産は，同じ40年間で約7.4兆ドルから約114.1兆ドルまで，なんと約15倍に拡大しています。

　同じ期間にもかかわらず，日本と米国でこれほどの差がついたのは，一体何が原因なのでしょうか？

　その要因は，金融資産の置き場所の違いだといわれています。

　では，どのように違うのか，実際のデータを見てみましょう。日本人と米国人のお金の置き場所を表したのが，次の図表になります。

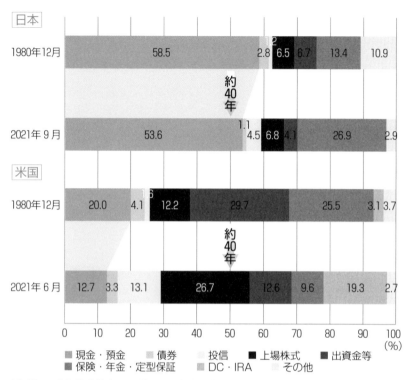

（出所）日本証券業協会ほか「国民の資産形成と資本市場の機能発揮について～米国を
　　　参考に～」（2022年3月）をもとにF学作成

　日本人は約40年前からほとんど変わらず，約半分を現金・預金で置いて
いるのに対して，米国人の現金・預金割合は1割～2割に留まっています。
その他の資金は，保険や株式・債券・投資信託など資産運用に回っている
状況です。

　資産運用に回す割合が5割か9割かで，日々の運用成果の差は微々たる
ものですが，40年間も積み上がると，5倍と15倍という雲泥の差に広がる
ということです。

　この結果から，資産拡大には現金・預金ではなく，何かしらの資産運用
に回すことが重要ということが認識できるかと思います。

　まだまだ日本では，資産運用と聞くと，損失を懸念して二の足を踏む人が多いのが現状かと思います。そのような方々へこの事実を知ってもらい，投資への安心感につなげることで，一人でも多くの方が資産運用を始めるきっかけになればと思います。

44

────【ここまでのまとめ】────

◆伝えたいポイント

　効率的な資産拡大には現金・預金ではなく，長期的に資産を運用することが重要

◆伝える際のロジック

1．直近の個人の金融資産は，

　　約40年間で日本人は約5倍，米国人は約15倍になっている

2．この差は資産運用の割合によって生まれている

3．個人金融資産のうち資産運用に回す割合

　　◇日本人：約50%

　　◇米国人：約90%

4．米国の資産状況からも，長期的に資産運用することで

　　安定的な資産拡大につながることが理解できる

5．効率的な資産拡大には，現金・預金ではなく，

　　長期的に資産を運用させることが重要

2．経済環境に適した「お金の置き場所」の歴史

　次に，経済環境の変化を振り返りながら，資産運用の重要性について共有したいと思います。

　まずは，問題です。

　平成元年にあたる1989年，世界の企業を時価総額が大きい方から順に並べると，トップ15位のうち日本の会社は何社ランクインしていたでしょう？

　A．3社

　B．7社

　C．11社

　いかがでしょうか？

　正解は，図表のとおりCの11社になります。

順位	企業名	時価総額（億ドル）	国名
1	日本電信電話	1,638.6	日本
2	日本興業銀行	715.9	日本
3	住友銀行	695.9	日本
4	富士銀行	670.8	日本
5	第一勧業銀行	660.9	日本
6	IBM	646.5	米国
7	三菱銀行	592.7	日本
8	Exxon	549.2	米国
9	東京電力	544.6	日本
10	Royal Dutch Shell	543.6	英国
11	トヨタ自動車	541.7	日本
12	General Electric	493.6	米国
13	三和銀行	492.9	日本
14	野村證券	444.4	日本
15	新日本製薬	414.8	日本

（出所）日本証券業協会ほか「国民の資産形成と資本市場の機能発揮について〜米国を参考に〜」（2022年3月）をもとにF学作成

46

　なんとトップ15社中11社は日本の会社という結果になっています。1989年（平成元年）頃の世界経済は，日本企業がけん引していたということです。

　では，もう1つ問題です。
　先ほどの1989年（平成元年）から30年強が経った2022年（令和4年）に再度，世界の企業を時価総額が大きい方から順に並べると，トップ15社のうち日本の会社は何社ランクインしているでしょうか。
　A. 0社
　B. 3社
　C. 7社

　ちなみに，1989年はトップ15社中11社が日本の会社だったと先ほど共有しましたが……さて，いかがでしょうか？

　正解は，なんとAの0社と，なんとも残念な状況になっています。

順位	企業名	時価総額（億ドル）	国名
1	Apple	28,281.9	米国
2	Microsoft	23,584.4	米国
3	Saudi Aramco	18,868.9	サウジアラビア
4	Alphabet（Google）	18,214.5	米国
5	Amazon.com	16,352.9	米国
6	Tesla	10,310.6	米国
7	Meta Platforms（Facebook）	9,266.8	米国
8	Berkshire Hathaway	7,146.8	米国
9	NVIDIA	6,817.1	米国
10	Taiwan Semiconductor Manufacturing	5,945.8	台湾
11	Tencent Holdings	5,465.0	中国
12	JPMorgan Chase	4,940.0	米国
13	Visa	4,587.8	米国
14	Johnson&Johnson	4,579.2	米国
15	Samsung Electronics	4,472.9	韓国

（出所）日本証券業協会ほか「国民の資産形成と資本市場の機能発揮について～米国を参考に～」（2022年3月）をもとにF学作成

　1989年（平成元年）頃までは日本企業が世界経済をけん引していましたが，その後，日本のバブルが崩壊し，現在はアップルやマイクロソフトなどの米国企業が中心となって世界経済をけん引する構図に変化しています。

　このように，われわれ日本人としては，なんとも残念な形で世界経済の新陳代謝が進んでいるのが現状となります。

　では次に，どのように日本経済が衰退してきたのか，そのなかでどのような資産運用を行えばよかったのか，「昭和」，「平成」，「令和」の3つの年号に分けて，振り返ってみます。

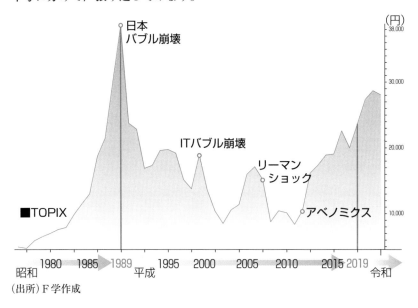

（出所）F 学作成

まずは「昭和」の時代です。

　昭和の後半は，バブルといわれたように経済が急拡大していた時代です。したがって，物価はインフレで，金利は高く，定期預金でも6％，7％の利息がついていたような時代でした。

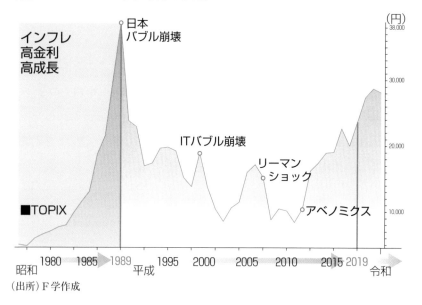

インフレ
高金利
高成長

日本
バブル崩壊

ITバブル崩壊

リーマン
ショック

アベノミクス

■TOPIX

(円)
38,000
30,000
20,000
10,000

昭和　1980　1985　1989　1995　2000　2005　2010　2015　2019　令和
　　　　　　　　　平成

（出所）Ｆ学作成

　では，この時代の資産運用の正解はどのような手法だったのでしょうか？

　当時はインフレですので，生活費は日に日に上昇するような状況でした。したがって，現金・預金だけでは生活を維持できなかったはずです。何かしら投資を行い，お金を働かせる必要があったわけです。

　では，どこにお金を投資すればよかったのでしょうか。

　先ほど共有したとおり，この時期の世界経済をけん引していたのは，日本企業でした。したがって，国内に投資しておけば，世界で最も効率的な運用が可能だったわけです。

　それでは，次に，「平成」の時代を振り返ってみましょう。

　この時期は，失われた30年といわれるくらい，日本の経済が低迷した時代です。物価はデフレ，金利は低金利の時代になります。

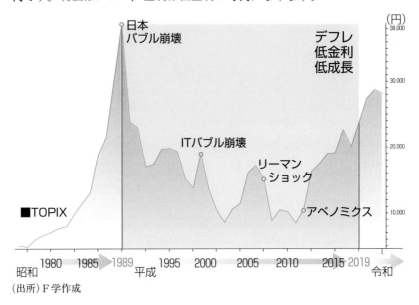

(出所）F学作成

　では，この時代の資産運用の正解を考えてみましょう。

　答えは意外とシンプルです。極端な話，当時はデフレなので，日に日にモノの値段が下落していくような状況です。したがって，金利は低くとも，現金・預金のまま保管しておけば，生活費は日に日に下がっていくので，生活は維持できたわけです。それはそれで正解だったのです。

　では，最後に「令和」の時代についてです。

　令和の時代は，平成と違い日本も少しずつインフレの環境に突入してきています。ただし，昭和のような経済成長のもと，給与も上がるようなインフレではなく，給与は上がらないまま，物価が上昇するような苦しい環境変化が進んでいます。そして，金利は変わらず低金利のままです。

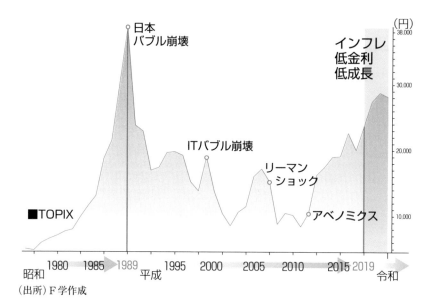

（出所）F学作成

　では，このような経済環境で，資産運用の正解とはどのような手法でしょうか？

　このような環境下では，日々モノの値段は上がり，預金をしても金利はつかず，買えるモノは日々減る一方です。

　そのような点からも，昨今の日本では資産運用の重要性が高まっているといえます。では，どこに投資をすればよいのでしょうか。

　先ほどの世界の企業ランキングのとおり，現在の世界経済をけん引しているのは日本企業ではなく，米国を中心とした海外の企業になります。

　したがって，現状の経済情勢をふまえると，今後は国内ではなく，海外に目を向けて投資を行っていくことが重要になります。

　このように資産運用の手法は，過去の成功法にとらわれるのではなく，時代の変化に合わせて，適宜調整することが必要ということを押さえていただければと思います。

―――――【ここまでのまとめ】―――――

◆伝えたいポイント

　日本は「インフレ×低金利」時代に突入し，資産運用の重要性が高まっている

◆伝える際のロジック

1．経済環境に合わせて資産運用の正解は変化する

2．昭和の時代は「インフレ×高金利」

　世界経済をけん引していたのは「日本企業」

　国内に投資しておけば，効率的な運用が可能だった

3．平成の時代は「デフレ×低金利」

　金利は低くとも，デフレなので現金・預金でも生活を維持できた

4．令和の時代は「インフレ×低金利」

　現金・預金では今の生活を維持できなくなる可能性が高い

　現在，世界経済をけん引しているのは米国を中心とした海外の企業

　海外へ投資する必要性が高まっている

3．日本でも「貯蓄」から「投資」への動き

　ここでは，日本でも資産運用が普及する兆しが見えつつある背景について みていきましょう。

　加えて，資産運用が普及する国で生まれる課題についても触れていきたいと思います。

　前項で共有したとおり，日本では現預金主義者が多く，金融商品への投資に対しては消極的な人が多いのが事実です。しかし，そのトレンドは少しずつ変化してきています。

　次の図表をご覧ください。

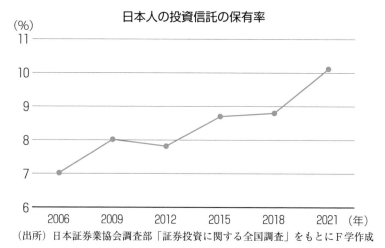

日本人の投資信託の保有率

（出所）日本証券業協会調査部「証券投資に関する全国調査」をもとにF学作成

　これは，投資信託を保有する日本人の割合の推移を表した図表です。 徐々に投資信託を保有する人が増加していることがわかるかと思います。

　このトレンドの変化にはいくつか要因があります。そのなかでも，影響が大きいのが，国策でもあるNISA制度やDC（確定拠出年金）制度の拡充だといわれています。

　次の図表をご覧ください。

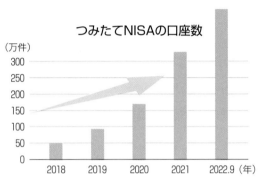

（出所）日本証券業協会「NISA口座開設・利用状況調査結果」をもとにF学作成

　こちらは，つみたてNISAの口座数の推移です。うなぎ上りで口座数が増えていることが見てとれるかと思います。

　次に，DC制度のなかでも代表的なiDeCoの口座数の推移です。

（出所）運営管理機関連絡協議会「確定拠出年金統計資料」をもとにF学作成

　図表のとおり，iDeCoの口座数も急拡大していることが見てとれるかと思います。

　ここで伝えたいのは，つみたてNISAやiDeCoのようなコツコツと時間分散を用いながら積立投資をする投資家が増えているということです。

　このように積立投資を用いた投資が拡大する地域では，資産運用の普及が加速するといわれています。

　その理由は明快です。詳しくは後ほどみていきますが，積立投資は安定的な運用成果につながりやすいため，投資への安心感が生まれ，運用の継続率が高まるからです。

　また，つみたてNISAやiDeCoのような積立投資は，一度設定すれば自動的に買い付けを行ってもらえるため，日々単価を確認する必要もありません。基本的にほったらかしで良いことも，感情的な売買の減少につながり，長期投資が根づくきっかけになるといわれています。

　このような理由で，積立投資の普及は「長期運用」の習慣化につながり，資産運用が普及するきっかけになるといわれています。

　そして，実際にこの流れで資産運用が普及したのが米国です。

　米国で資産運用が普及するまでの歴史を表したのが，次の図表です。

(%)　　**米国家計金融資産に占める株式・投資信託の保有割合**

1970年代・1980年代
確定拠出年金制度
529プラン開始

（出所）FRB，*Bureau of Economic Analysis*をもとにＦ学作成

米国は1970年代から1980年代にかけて，確定拠出年金制度や529プラン（学生向けのNISAのような制度）といった税優遇制度をそれぞれ導入しています。その後，10年程度経過すると，実際に利用した人々の資産が拡大し，その状況が資産運用への安心感につながり，制度利用者が徐々に増えるとともに資産運用が普及するきっかけになった，といわれています。その様子は，先ほどの図表からも見てとれるかと思います。

では，この事例を参考に日本の今後を予測してみましょう。

日本で個人型のDC制度がiDeCoと名付けられ，本格的に動き始めたのが2016年です。つみたてNISAがスタートしたのが2018年になります。米国で税優遇制度の導入後10年程度で資産運用の普及が加速した歴史を参考にすれば，いよいよ日本でも資産運用が普及するフェーズを迎えているといえるでしょう。

そして，この動きは日本経済にとっても大きなターニングポイントだといえます。日本人の個人金融資産のうち，約半分の1,000兆円が現預金といわれています。したがって，この資金が投資に向けば，国内の資金が循環し，日本経済も活性化するはずです。

このような観点でも，この資産運用が普及する流れを皆さんと一緒に後押ししたいと考えています。

また一方で，このように資産運用が普及するなかで注意すべきこともあります。その注意点について次項で詳しくみていきます。

─【ここまでのまとめ】─

◆伝えたいポイント

　日本でもいよいよ資産運用が普及するフェーズを迎えている

◆伝える際のロジック

1．米国では，日本でいうNISA制度やDC制度のような，税優遇制度
　の導入をきっかけに，積立投資が普及し，資産運用が広がった

2．日本でも，つみたてNISAやiDeCoの普及が進んでおり，いよいよ
　資産運用が普及する兆しが見えてきている

3．今後，日本人の個人金融資産約1,000兆円が投資に向けば
　国内の資金循環が改善され，日本経済の活性化も期待できる

4．資産運用をやらないリスク「非投資貧乏」

　前項で「いよいよ日本でも資産運用が普及する兆しが見えてきている」と述べましたが，逆にこのような状況において資産運用をやらないことで発生するリスクは何でしょうか？

　答えは，「機会損失」です。

　要は，資産運用による「資産拡大のチャンス」を逃すというリスクです。

　「チャンスを逃す」と聞くと，別にプラスがなくなっただけで，マイナスはないように聞こえますが，この「機会損失」には注意が必要です。

　実際に米国では，このチャンスを獲得した組と逃がした組がはっきり2極化してしまい，「資産格差」として社会問題化しています。

　次の図表は，米国の資産家上位1％が占める所得の割合と，下位50％が占める所得の割合の推移を示したものです。

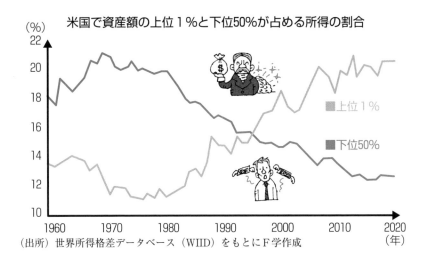

米国で資産額の上位1％と下位50％が占める所得の割合

（出所）世界所得格差データベース（WIID）をもとにF学作成

　以前は，下位50％の所得が上位１％の所得を上回っていたのに対し，直近では真逆になっています。これは，米国で資産運用が普及する過程で，資産家は所得を増やし，下位50％の人々の所得の割合は減少したということを意味します。

　では，どうしてこのような状況になってしまったのでしょうか？

　この要因は，保有資産額ごとに資産の内訳を見ると一目瞭然です。

　実際に米国の例を見てみましょう。

米国人の資産状況
運用資産の割合

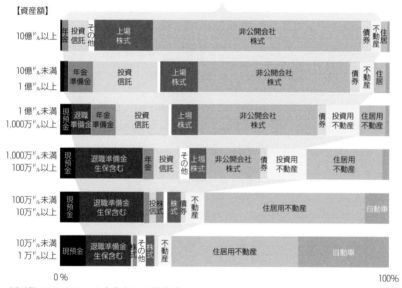

（出所）FRBのデータをもとにF学作成

　この図表は米国人を対象として，一定の保有資産額ごとに資産の内訳を表したものです。

　上位にいくにつれて富裕層，下位にいくにつれて一般層という見方です。富裕層になるにつれて株式などの運用資産を保有する割合が大きくなっていることがわかるかと思います。

　要するに，資産運用を行っていた層は「労働収入」に加えて「運用収入」を得ることができ，収入が拡大していった一方で，資産運用の割合が少なかった層は収入が増えず，その積み重ねが資産格差につながっているということになります。

　このように，運用収入を活用している人と労働収入のみの人では，資産額に大きな差が生まれることになります。これが資産運用の普及する状況で資産運用をしないことのリスクになります。まさに「非投資貧乏」ということです。

　日本でも資産運用が普及しつつある現状をふまえると，時代に取り残されて「非投資貧乏」にならないように，運用収入を増やす取組みが重要になっています。

　そして，資産運用は長期的にやるからこそ安定的な運用成果がついてきます。短期での成果を狙い，金融商品を購入するのは博打と一緒です。

　これは生活が苦しくなった状態で，資産運用を始めても遅いということです。

　そうならないためにも，無理のない範囲で長期目線を大切にし，計画的に資産運用を始めることが重要だと考えます。

─────【ここまでのまとめ】─────

◆**伝えたいポイント**

　日本でも資産運用をやらないことで，資産格差につながる「非投資貧乏」リスクが高まっている

◆**伝える際のロジック**

1．資産運用をやらないことにも「機会損失」というリスクが潜む

2．実際に米国では資産運用を取り組む人とやらない人で，資産格差が生まれ社会問題化している

3．日本も資産運用が普及しつつある現状，資産運用をしないという選択は資産格差の下位層に取り残されることを意味する
　そうならないためにも資産運用の取組みが重要である

第3章

資産運用に必要な金融知識

1．勘違いあるある

①　投資と投機の区別

　冒頭でもコイントスを例に投資と投機の違いについて触れましたが，重要なので，違う観点から再度共有します。

　よく資産運用と聞くと「怖い」というイメージを持つ人がいます。これは，投機や博打（ばくち）と同じようなイメージを持ってしまうことが原因かと思います。

　しかし，実際には「資産運用」と「博打（ばくち）」とは全く別物です。したがって，「資産運用」＝「怖い」というのは誤った認識となります。

　では，どのように違うのか，たとえ話を挿（はさ）みつつ説明します。

　まずは問題です。

　皆さんは，宝くじをワンユニット30億円買い占めると，いくら返ってくるかご存知でしょうか？

　　A．約25億円

　　B．約20億円

　　C．約15億円

　いかがでしょうか？

　正解はCの約15億円です。

　投資した場合に，理論上どれくらい返ってくるのかを表す期待値的な表現をすると，宝くじの期待リターンは50％程度となっています。

　宝くじを10億円買うと，5億円戻ってくるイメージです。

　ちなみに，パチンコの期待リターンは約85％，競輪・競馬の期待リターンは約75％だといわれています。このように，理論上返ってくるお金が100％を下回るサービスを「投機」といいます。

　一方で，理論上返ってくるお金が100％を上回るサービスを「投資」といいます。

　そして，資産運用では「投機」のように，一度みんなで同じ箱にお金を入れて，その箱から運営側と参加者で原資を取り合うスタイルではなく，運営側も預けた人も資産拡大につなげられるしくみが成り立つ商品にお金を預けていくことが重要になります。

　まずは，このように100を投じて100以上返ってこない「投機」と，100以上返ってくる「投資」を区別することが重要です。

　決して，投機はしない方がよいという話ではなく「手元の資金が投資用なのか，それとも投機用なのか」と色分けをして，その色に合わせた運用商品やサービスを選択していくことが必要ということです。

　では，実際に「投資」をする場合，何に対してどのような運用手法を用いればよいのかという点について，次項以降で順を追ってみていきましょう。

---【ここまでのまとめ】---

◆**伝えたいポイント**

　投資と投機を区別し，お金の色に合わせて使い分けることが重要

◆**伝える際のロジック**

1．投資と投機の違いは，期待リターンが100%を超えるかどうか

2．投機は，一度みんなで同じ箱にお金を入れて，

　　その箱から運営側と参加者で原資を取り合うイメージ

3．投資は，預けたお金を活用して，新たなお金を生み出すことで，

　　運営側も預けた人も資産拡大につなげられるイメージ

4．「手元の資金が投資用なのか，投機用なのか」を色分けして，

　　その色に合わせた運用商品やサービスを選択していくことが重要

② 資産運用はお金の万能薬ではない

ここでは，資産運用の存在意義について触れていきます。

まずは問題です。

「資産運用が不要な人とはどんな人でしょう？」

と聞かれた時に，皆さんはどのように答えますか？

いかがでしょうか……？

答えは明確です。

理想の人生を送るのに十分な資産を貯えた人に資産運用は不要です。

あくまで資産運用は，収入を増やすための手段の1つということです。

「足元の生活費が不足している状況を資産運用でなんとかしよう」と考える方がいらっしゃいますが，これは間違いです。

足元で不足している生活費を資産運用で賄おうという発想は，なけなしの生活費を握りしめて，イチかバチかカジノに行くのと同じです。資産を運用するといっても，信用取引やFX，先物取引など短期的な運用成果を狙うのは「博打」と一緒で「投資」とは異なるからです。

冒頭のコイントスの話と一緒で，あくまで長期的に大数の法則を追うことで安定的な運用成果につなげるのが資産運用です。

「目先の生活費を資産運用で賄おう」という発想が，投資とは異なります。

世の中には短期的な投資手法を指南する書籍や動画が多数出回っています。しかし，一般の人が，チャートを分析するテクニカル分析や，財務分析を主とするファンダメンタル分析を駆使して，短期目線の運用で資産を増やそうとしても，感情が邪魔をし，理想と真逆の結果になりやすいことは心理学でも証明されているくらいです（※この理論に関して115ページで詳しく説明します）。

　投資は，あくまで長期的な目線で安定的にお金を成長させることが重要になります。

　では話を戻し，足元の生活費が不足する場合はどのような対策を打てばよいのでしょうか。

　足元の生活費が不足する場合の対策は，次の2つです。

1．節約する

2．働いて労働収入を増やす

　この2つに限ります。短期的に不足する資産を補う策は，節約するか，働くしかないのです。

　この知識をふまえて人生設計を考えてみましょう。

　まずは，人生を大きく3つの時期に分けてみます。

1．幼少期

2．成人期

3．老後

の3つです。

　そして，この3つの時期に合わせた資産形成について考えてみたいと思います。

　まずは幼少期です。

　この時期はシンプルです。自分で働くわけにはいかないので，親のスネをかじり，立派な大人になって恩返ししましょう（笑）。

　次に，成人期です。

　この時期は，労働収入がありますので，その収入の一部を資産運用に回していきます。ここでは，いつ必要なお金をいくら資産運用で準備するのか，という具体的な時期と目標金額を定めることが重要です。

　先ほど共有したとおり，資産運用は長期投資が基本です。この時期に資産運用で捻出する資金の対象は，成人期後半や老後に必要なお金ということになります。

　したがって，この時期は将来に必要となる資金を逆算し，いくらずつ，どれくらいの利回りで運用すればよいかと計画を立てて，準備を進めることが必要となります。

　そして最後に，老後です。

　この時期は体力も衰えるため，労働収入に期待ができません。したがって，この時期は，これまでに準備してきた資産を切り崩しながら，年金と合わせて生活することになります。

　しかし老後とはいえど，人生100年の時代です。長い人生のなかで，物価がさらに上昇するかもしれませんし，想定以上に長生きするかもしれません。その対策として，早くから計画的に資産運用を行い，金利収入や家賃収入，配当収入など安定的な運用収入を準備しておくことが重要になります。

　ちなみに，資産形成の計画では，少なくとも10年以上先を見据えて準備する必要があるといわれています。この理屈に関しては，141ページで詳しく説明します。

　このように，資産運用はやみくもにするのではなく，計画性を持って実行することが重要になってきます。

───────【ここまでのまとめ】───────

◆**伝えたいポイント**

　資産運用で賄うのは今必要な資金ではなく，将来必要なお金

◆**伝える際のロジック**

１．資産不足の対策が資産運用の目的

２．資産運用で対策できるのは将来の資金

３．足元の資金不足の対策は２つ

　①　節約する

　②　働いて労働収入を増やす

４．将来を見据えて不足する資産を逆算し，資産設計することが重要

2．主要な金融商品の特徴

① 金融商品・サービスの概要

ここでは，主要な金融商品とその特徴についてみていきましょう。

まずは，金融商品の種類別のリスク・リターンの図表をご覧ください。縦軸にリスク，横軸にリターンを表したものです。

上の図表でもわかるとおり，最もリスク・リターンが低いのが預貯金，次が金（Gold）。そして，債券，不動産，株式と続いていきます。ちなみに，この場合の「リスク」は，「危険度」という意味ではなく，「価格の振れ幅」を意味します。したがって，リスクが大きいとは，価格の振れ幅が大きいという意味になります。

そして，ここで大事なのは，図表の右下の「幻」と書かれたポジションにあたるローリスク・ハイリターンの商品は存在しないということです。虫のいい投資話はだいたいが投資詐欺か悪徳商法です。

　仮にまっとうな投資先だったとしても，先ほど申し上げたとおり，リスクとリターンは比例します。要は，10倍になる可能性がある投資先は10分の1になる可能性もあるということです。投資先を選定する際に急ぐ必要はありません。資産運用で事故を起こさないためにも，時間をかけてしっかり考えたうえで判断することが重要になります。

　そして，事故に巻き込まれないための策としては，複数の人に相談することが有効です。金融機関の窓口などは，口座がなくても，資産運用の相談と伝えれば，飛び込みでも真摯に対応してもらえるはずです。金融機関をまわる際にも何社か相談することをおススメします。大事な資産ですので，それくらいの労をかけてしかるべきだと思います。

　それでは，このような基礎知識をふまえて，どのように運用商品を選定すればよいのか解説します。運用商品を選定する方法は意外と単純です。

　まず，お金ごとにとれるリスクを整理し，そのリスクに合わせて運用商品を選定します。

　たとえば，成人期のような運用期間が長くとれる時期は，リスク（価格の振れ幅）をとって株式などで運用するのが有効です。一方で，老後のような運用期間が限られてくる状況では，リスク（価格の振れ幅）を抑えて債券などの比率を高めることが有効だといわれています。

　その理由は単純です。たとえば，成人期のように長く運用期間をとれる状況では，リーマンショックのような金融危機が起きたとしても，相場が回復するのを待つことができますが，老後のような確保できる運用期間が短い状況では，回復を待つ期間がとれないため，価格の振れ幅が小さい商品の方が適しているという理屈になります。

　次に，各運用商品のマーケット規模について少し触れておきたいと思います。

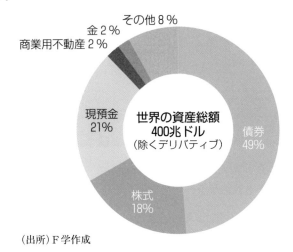

　金 2 ％　その他 8 ％
商業用不動産 2 ％
現預金
21％
世界の資産総額
400兆ドル
（除くデリバティブ）
債券
49％
株式
18％

（出所）Ｆ学作成

　証券会社と世界銀行，国際通貨基金（IMF）のレポートをもとに作成した，世界中の各金融資産の内訳を表したグラフが上の図表になります（2021年時点）。

　この図表のとおり，運用商品のなかで最もマーケット規模が大きいのが「債券」になります。資産額で見ると，世界の金融資産の約半分を「債券」が占めているといわれています。そして，債券に続くのが「株式」になります。「株式」は，全体の約20％を占めるといわれています。なんと世界の金融資産の約 7 割は，「債券」と「株式」で成り立っているのです。

　この割合からも，資産運用を行ううえで「債券」と「株式」の知識がとても重要であることがわかるかと思います。

　そこで，次項ではこの「債券」と「株式」について詳しくみていきましょう。

──────────【ここまでのまとめ】──────────

◆**伝えたいポイント**

　金融商品のリスクとリターンは比例し，とれるリスク（価格の振れ幅）を基準に選定することが重要

◆**伝える際のロジック**

1．金融商品のリスク・リターンは低い順から
　「預貯金 → 金 → 債券 → 不動産 → 株式」と続く

2．運用期間が長くとれる場合は，リスクをとって株式などで運用するのも有効

3．老後など長期で運用期間をとれない場合は，債券など低リスク資産の割合を増やすことが推奨される

4．世界の金融資産の約7割は「債券」と「株式」で成り立っている

5．資産運用をするうえで「債券」と「株式」の知識は必須となる

---

②　債券とは

　金融商品へ投資するときに「債券」の知識は必要不可欠です。

　なぜならば，先ほど共有したとおり，世界中の金融商品のなかで最も多くの割合を占めるのが債券だからです。他に，不動産や株式，金（Gold）など複数の投資先がありますが，約半数を占めるのが債券です。

　まずは，そんな債券の存在意義についてみていきましょう。

　投資する側ではなく，発行する側の目線で見れば，債券も株式も存在意義は一緒です。これらは資金調達の手段の１つになります。

　債券は，借用書をイメージするとわかりやすいかと思います。企業や国が市場（国民や企業など）からお金を借りて，お金を借りた証明書として発行するのが「債券」です。

　たとえば，国が国民や企業などから資金調達をした際に発行するのが，国の債券（借用書）である国債になります。

　そして，債券を使って資金調達するのは，国だけではなく，世界銀行や国際通貨基金（IMF）などの公的な機関や企業，県，市町村などさまざまです。ちなみに，企業（会社）が出す債券を社債，県が出す債券を県債，市が出す債券を市債と呼びます。

　株式も同じように資金調達の手段として活用されますが，債券と株式の大きな違いは資金調達する母体にあります。株式を活用して資金調達をするのは株式会社だけなのに対し，債券は企業に加え，国や地方自治体，世界的な機関など膨大な金額を調達する際に活用されます。

　株式会社が資金調達する金額と国や地方自治体，世界的な機関などが資金調達する金額をイメージしてみると，債券市場の規模が金融資産全体の約半分を占めることも納得できるかと思います。

　そんな大きな影響力を持つ債券について，次は投資家目線でみていきましょう。

　債券の商品性は定期預金に似ています。

　お金を預けて，預けている期間は金利収入があり，満期になれば預けたお金が満額返ってくるというしくみです。

　定期預金と違うのは，預けている期間に債券の評価額は変動するという点です。

　なぜ評価額が変動するのかというと，定期預金と違い，債券は途中で第三者に自分の持っている債券を売却したり，第三者から購入したりすることが可能だからです。

　たとえば，世の中の金利が低い場合，高い利率の債券は魅力が増し価格が上昇したり，世の中の金利に比べて利率が低く魅力が低い債券は価格が下落したりと，債券価格は需給状況に応じて変動するしくみになっています。

　では，ここから具体的な債券投資のイメージを共有しましょう。

　たとえば，5年満期の固定利率1％の債券を100万円分購入したとしましょう。

　100万円に対して利率１％は１万円ですから，購入者は満期の５年目まで毎年１万円ずつもらえて，満期になれば100万円が戻ってくるというしくみになっています。図表で表すと次のとおりです。

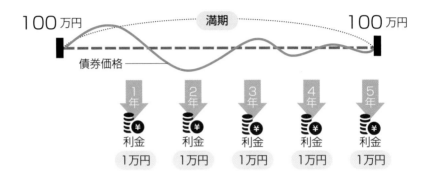

　ただし，債券を発行している企業や国が破綻してしまえば，100万円は戻ってこないという注意点も存在します。

　次に，債券の魅力を判断する方法についてです。債券の魅力は利率で判断することが可能です。

　ご承知のとおり，日本は歴史的な低金利政策を継続しています。したがって，日本で発行される債券は世界的に利率が低い傾向がみられます。

　一方，新興国の金利は高い傾向があります。その結果，新興国で発行される債券は，総じて利率が高い傾向がみられます。その理由は，新興国は信用が低いため，金利を高くしないと，みんながお金を貸してくれないからです。言い換えるならば，利率の高い債券への投資はそれだけのリスクがあるということです。

　また，海外の債券を購入する際には，日本円では投資ができませんので，外貨で購入することになります。したがって，海外の債券へ投資をする場合には為替リスクも考える必要が出てきます。

　たとえば，米ドル建ての債券を購入した場合，１ドル100円の時に購入したものを，１ドル70円の時に売却すれば，30円分，30％の為替損が生じることになります。

　このように，実際に債券に投資をする場合には，利回りで得られる収益に対し，発行体（債券を発行している団体）の破綻リスクと，為替変動による為替リスクを天秤にかけて選定することが重要です。

　このような特徴をふまえて，債券に投資をする際に押さえるべきポイントを整理すると，次の３つになります。

1．より高い利回りの債券を選定すること
2．債券の発行体が破綻しない先を選定すること
3．海外の債券を購入する際には為替リスクをふまえて判断すること

　ここまで債券についてみてきました。次の項では，「株式」についてみていきましょう。

────────【ここまでのまとめ】────────

◆伝えたいポイント

　債券に投資する際には，利回りで得られる収益に対し，発行体（債券を出している団体）が破綻^(はたん)するリスクと為替変動による為替リスクを天秤にかけて選定することが重要

◆伝える際のロジック

１．債券のマーケット規模は金融商品のなかで最も大きく，

　　資産運用をするうえで，債券の知識は必要不可欠

２．発行する側から見た債券の存在意義は，

　　国や企業などの資金調達の手段

３．投資家側からすれば，債券は定期預金のようなもので，

　　定期預金との違いは途中売却が可能なため，

　　日々評価額が変動すること

４．債券の魅力は利回りの水準で判断される

　　実際に投資する際には次の３点を意識する

　　①　より高い利回りの債券を選定すること

　　②　破綻^(はたん)しない発行体を見極めて投資すること

　　③　海外の債券に投資する場合は為替リスクを加味すること

③ 株式とは

ここでは，まず株式の存在意義についてみていきます。

まずは，企業側の目線で株式について解説します。

株式も債券と同じく資金調達の手段として活用されます。

たとえば，企業が設備投資するのに資金を必要とする場合，株券を発行してお金を集めるイメージです。

そして，債券と株式を比較した場合，株式で資金調達する際の一番の特徴は企業側に「返済義務がない」ことです。企業が債券で資金調達すると，満期までに返済する必要がありますが，株式の場合，満期もなければ，返済する必要もありません。

株式は「出資」なので，お金を出してもらう代わりに，会社の株券を一部保有してもらい，出資者とは企業成長を資産拡大というメリットとして共有するイメージになります。

このしくみを図表化すると次のようなイメージです。

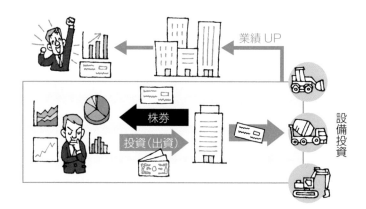

　次に，企業が株式で資金調達する際の注意点についてです。

　株式会社は，その企業の株式を保有する者が会社の経営権を持ちます。言い換えると，投資家から出資を受ける代わりに株式を渡すことは，会社の経営権を一部渡すことを意味します。

　したがって，企業が株式で資金調達する際には，出資者から会社の経営に対し，指図を受ける可能性があるという点に注意が必要です。

　では，続いて投資家目線で株式についてみていきましょう。

　たとえば，設備投資に必要な資金が不足している企業があったとしましょう。そして，ある投資家が，この企業が設備投資をした後の成長を見込んで出資したとします。

　その後，投資家の見立てのとおり，企業の業績が向上した場合には，配当金や株価の上昇によって投資家の資産拡大につながります。

　一方で，設備投資をしたものの，思うように売上が伸びず，業績が悪化した場合には，株価が下落してしまいます。これが株価の変動するしくみです。このしくみを図表化すると下図のようなイメージになります。

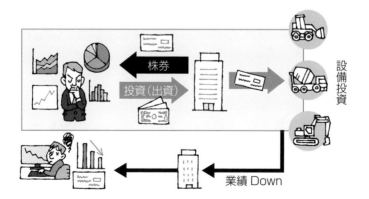

　まとめると，「企業の業績が向上するか，悪化するかによって株価が上下する」ということになります。そして，投資家がこれを先読みして株式を売買するので，投資家の心理的な影響も受けながら，日々株価が上下しているということになります。

　このように，資金力のある投資家と資金を欲している企業をつなぐのが株式の役割であり，企業の業績に合わせて株価は変動するということを押さえていただければと思います。

　したがって，投資する株式を選ぶ際には，足元の業績がどうかではなく，将来的にさらなる成長が見込まれる企業を選定することが重要になります。

　ちなみに……，株式投資は何歳から可能かご存知でしょうか？
A．0歳
B．18歳
C．20歳

　いかがでしょうか？

　正解は，Aの0歳からになります。
　株式投資に年齢制限はありません。
　そんなしくみを使って，米国には，子供の成長の節目におもちゃではなく，「将来性のある株式をプレゼントする」というようなオシャレな文化があるそうです。日本でもそのような文化が広まり，もっと株式投資を身近に感じる人が増えることを願っています。

　また，社会・経済的な目線で株式投資の意義を考えれば，投資家が株式投資をすると，投資家の現金が企業に移ります。企業はその現金を設備投資や人員の強化に活用します。このように株式投資が活発化すると，世の中の資金が循環し，経済の活性化につながります。まさに「お金の循環」による経済発展という観点でも大きな役割を担っているのが株式なのです。

　このように，社会・経済的な存在意義も含めて，株式の理解を深めていただければと思います。

　次の項では，債券や株式に並んで重要な金融商品である「投資信託」についてみていきましょう。

─────【ここまでのまとめ】─────

◆**伝えたいポイント**

　株式は資金力のある投資家と資金を欲している企業をつなぐことで，世の中の資金を循環させ，経済を活性化する役割を担っている

◆**伝える際のロジック**

1．企業側から見た株式の存在意義は資金調達の手段

2．株式と債券の違いは企業から投資家への返済義務の有無

3．株式会社は株式の保有者が経営権を持つため，出資を受けることは経営権の一部を投資家へ譲渡することを意味する

4．投資家目線での株式の魅力は，次のとおり
　①　投資先企業の成長が資産拡大につながる
　②　投資することで経済活性化に貢献できる

5．株式投資は，資産家と企業をつなぐことで，世の中の資金を循環させ，経済を活性化する役割を担っている

④ 投資信託とは

　投資信託を簡単に説明すると，投資のプロ集団にお金を預けて運用を代行してもらうというサービスです。運用のプロ集団に運用してもらい，利益が出たら，その分元金が増えたり，分配金として返ってきたりするのが投資信託です。

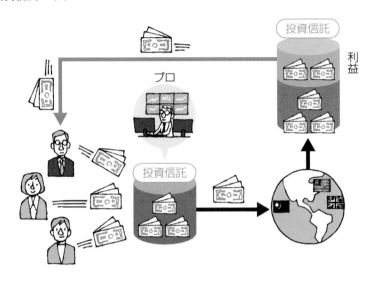

　投資信託を活用するメリットは大きく3つあります。

1．プロが運用してくれるので「どこに投資しよう？」とか「どのような手法で運用しよう？」などを考える手間が省ける。
2．投資信託は100円程度から購入可能なので，手軽に投資しやすい。
3．投資先はいずれか1つの債券や株式というわけではなく，複数の金融商品に投資するので，分散効果が得られ価格変動リスクを軽減できる。

　一方で，投資信託の懸念点としては手数料がかかることが挙げられます。

　投資信託は，名のごとく，"投資"を"信"じて"託す"サービスですので，プロに運用を委託する分の手数料がかかります。

　そして，手数料は大きく3種類存在します。

1．購入する時：買付手数料

2．運用している時：運用管理費（信託報酬）

3．売却する時：信託財産留保額

　投資信託は，「買う時」と「運用している時」と「売る時」の3つの手数料がかかると覚えていただくと良いかと思います。

　そして，「1．買付手数料」と「3．信託財産留保額」は，買う時と売る時にそれぞれ一度だけかかります。

　一方で，「2．運用管理費（信託報酬）」は，運用をプロに管理してもらっていることへの手数料ですので，投資信託を保有している間は永遠にかかります。

　資産運用をするうえで，コスト意識は重要です。手数料は運用結果に直結するからです。その点からも，投資信託を購入する際には，どれくらいの想定リターンに対して，どれだけ手数料を支払うのか，確認して判断することが重要です。

　続いて，実際に投資信託を選定する際のポイントについてみていきます。

　皆さんは，日本にどれだけの投資信託が存在するかご存知でしょうか？

　なんと日本だけで約6,000種類もの投資信託が存在するといわれています。

　したがって，素人が最適な投資信託を選定しようと思っても，なかなか絞り切れないのが現実です。そんな無数にある投資信託の中から，どのように投資信託を絞ればよいのか，その方法について解説します。

　投資信託は，お金を預けると，プロが無作為に運用先を選定するわけではありません。基本的にどの投資信託も，どんな投資先や投資手法を用いるかという投資のテーマが設定されています。

　たとえば，投資先が「米国の株式のみ」とか，「AI関連の企業のみ」とか，「株式と債券をバランスよく組み合わせた配分」といった具合です。

　そして，投資信託を選ぶ際に大事なのが，自分が求める運用テーマに合った投資信託を購入することです。

　では，どのように自分に適した運用テーマを選定するのか，その方法を，2つのステップに分けてみていきます。

ステップ1．投資する地域を絞る

　投資信託の投資先が，国内だけか，海外も含めるのか，特定の国のみなのか，といった感じです。

　このステップで活用する選定判断の軸は，次のとおりです。

○　どの地域がより効率的に運用できそうか

　⇨　より経済成長が見込まれる国，もしくは安定的に高い利回りが維持される見通しの地域を投資対象とする投資信託を選択する

ステップ2．投資信託の運用に活用する金融商品を選定する

　プロに代わって運用してもらう金融商品が，株式のみなのか，債券のみなのか，不動産のみなのか，複数の商品を混ぜて運用するのか，という具合です。

　このステップに活用する選定の軸は，次のとおりです。

① 経済成長の恩恵を受けたいかどうか

　⇨ 経済成長の恩恵を受けたいなら，株式を選択する

② 金利収入による資産拡大を狙いたいかどうか

　⇨ 金利収入を狙った運用を希望するのであれば，債券を選択する

③ 不動産収入による資産拡大を狙いたいかどうか

　⇨ 不動産収入を狙った運用を希望するのであれば，不動産型の投資信託を選択する（※ちなみに，不動産に特化して投資をする投資信託をREIT（リート）といいます）

④ 複数の資産へ投資をし，分散投資による価格変動リスクの軽減効果を得たいかどうか

　⇨ 株式や債券など分散して運用したい場合はバランス型の投資信託を選択する

　この2つのステップで自分の運用ニーズを分析すると，約6,000種ある投資信託の中からでも，自身の意向に沿った商品を絞ることが可能になります。

　最近，利用者が拡大しているiDeCoやNISA，確定拠出年金などを活用する際にも投資信託の選定は必要になります。そのような機会でも，この考え方を参考にしていただければと思います。

　そして，もう1つ重要なのが，経済情勢によって最適な商品は変わるということです。経済は生き物といわれるように，常に状況が変化します。したがって，購入する際の経済状況に適した投資信託を選定することが重要になります。

　現在の経済情勢をふまえた投資先のトレンドやその判断方法については，次章でみていきましょう。

───【ここまでのまとめ】───

◆**伝えたいポイント**

　投資信託は，手数料を支払うことで運用のプロ集団が代わりに商品を選定してくれるサービス

◆**伝える際のロジック**

1．投資信託は，プロに「投資」を「信」じて「託」す商品

2．投資信託の魅力は大きく3つ

　①　運用の手間が省ける

　②　少額から投資可能

　③　分散投資により価格変動リスクの軽減効果が得られる

3．期待できるリターンと手数料を天秤にかけて投資信託を選定する
　運用にかかる手数料は3種類

　①　購入時：買付手数料

　②　運用時：運用管理費（信託報酬）

　③　売却時：信託財産留保額

4．投資する投資信託を選定する際の2つのステップ

　ステップ1：投資する地域の選択

　ステップ2：運用商品の選択（株式，債券，不動産など）

◇投資信託の補足（ロボアドバイザー，ファンドラップ）

　最近マーケットが拡大してきているロボアドバイザーやファンドラップといったサービスについて触れておきます。

　これらは，自分の年齢や希望する運用期間，運用ニーズなどを設定すると，AIやシステムを活用して，自動的に投資信託の選定から組み換えまでを行ってくれるという投資一任サービスになります。

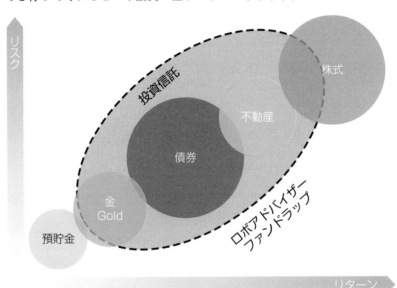

　魅力としては，商品選定の知識がなくても，自分のニーズに合った運用が可能となる点が挙げられます。

　投資信託との違いは，あくまで投資信託の選定であり，株式や債券などの現物商品を選定してくれるわけではないという点です。

　投資信託は，株式や債券などをプロが選んでくれる一方，ロボアドバイザーやファンドラップは，AIやシステムが投資家のニーズに合わせて投資信託での運用を代行してくれるサービスになります。

　したがって，ロボアドバイザーやファンドラップは，投資信託の手数料とは別に投資信託の売買を代行する分の手数料が必要になります。便利なサービスではあるものの，二重に運用手数料がかかるようなしくみになりますので，その点には注意が必要です。

　投資信託とこのような投資一任サービスの違いを図表化すると，次のようなイメージになります。

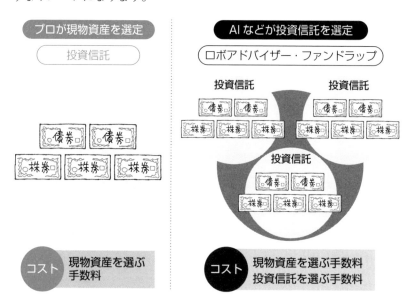

　最近は，日本でもこのような投資一任サービスの拡充が進んでいます。したがって，今後はこのようなサービスを目にする機会が増えるかと思います。

　資産形成の選択肢の１つとして認識しておいて損はないでしょう。

⑤ ETFとは

ここでは，ETF（Exchange Traded Fund）についてみていきましょう。

まずは「指数」についてです。

指数とは，「規準になるもの」という意味で，「特定の地域や銘柄群における平均価格の推移」を指します。

たとえば，主要な日本企業の株価の平均値を表した「日経平均株価」や主要な米国企業の株価の平均値を表した「NYダウ」など，世の中にはさまざまな指数が存在します。

もう少し具体的にみていくと，「日経平均株価」は，トヨタ自動車や任天堂，ソフトバンクなど日本を代表する225社の株価の平均です。

イメージすると，日々，日本を代表する225社の株価の平均値を算出し，その平均値をつなげたチャートが「日経平均株価」ということになります。図表化すると次のようなイメージです。

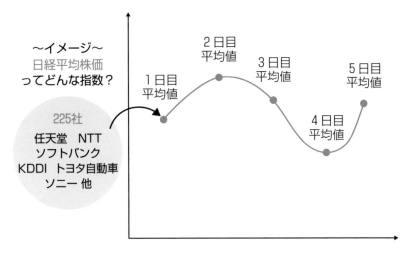

他にも代表的な指数には，次のようなものがあります。

・NYダウ：米国を代表する30社の株価の平均

・S＆P500：米国を代表する500社の株価の平均

そして，このような指数に連動するように運用されているのがETFになります。では，そんなETFの魅力を具体的にみていきましょう。

たとえば，AmazonやGoogleといった米国の個別企業に投資するのではなく，「米国経済をけん引する代表的な企業にまとめて投資したい」と考えていたとしましょう。

そんなときには，まず米国経済を代表する企業がどの企業なのかを選定する必要が出てきますが，数千社ある上場企業の中から1社ずつ企業を選ぶだけでも一苦労です。このような状況でNYダウやS＆P500といった指数が活躍します。

たとえば，NYダウは米国を代表する30社と決まっています。したがって，NYダウの中身を見れば，米国を代表する30社を簡単に知ることが可能になります。

問題はここからです。

米国を代表する30社がわかったとはいえ，指数に連動する運用をしようと30社すべての株式を同じ割合ずつ購入するには相当な手間がかかります。加えて，この30社は定期的に見直しが入りますので，組み換えのたびに自分のポートフォリオも組み換える必要が発生します。

このように，やり方はわかっても，実行するハードルを考えると非現実的です。

このような状況で活躍するのがETFになります。

　NYダウ連動型のETFであれば，ETFの価格がNYダウに連動するように運用されています。

　したがって，NYダウ連動型のETFを購入することで，手間を最小限にして米国の代表的な企業群に投資をすることが可能になります。

　このように，特定の地域や商品の平均値に手間なく投資することを可能にしてくれるのが，ETFの魅力です。

　加えて，運用にかかる手数料が安いのもETFの魅力になります。

　投資信託の場合，ファンドマネージャーが日々情報収集を行い，魅力的な投資先を選定してくれるため，その分の人件費がかかります。

　一方で，ETFは，NYダウや日経平均株価などの特定の指数と同じ商品を同じ割合ずつ保有するだけなので，投資信託のようにファンドマネージャーを雇って投資先を選定するコストがかかりません。

　NYダウ連動型のETFであれば，運営側はNYダウに組み入れられている30社の株式を同じ割合ずつ保有するだけで済むというイメージです。

　そのため，ETFの運営は基本的にシステムを使って行われます。人件費を抑えた運営が可能ということです。

　そのような運営のしくみから，ETFは投資信託よりも運営コストを安価に抑えることができるため，購入側の手数料も安い傾向にあります。

　また，少額から投資できるのも魅力の1つです。

　ETFは1口単位から売買可能であるため，数千円程度から投資が可能です。

　このように，ETFを活用することで，運用コストを抑え，簡単に日本経済や米国経済に連動するような投資が可能となります。このような点からも，ETFは投資初心者も扱いやすい商品といわれています。

───【ここまでのまとめ】───

◆**伝えたいポイント**

　ETFは運用コストを抑え，

　特定の地域や商品に連動する投資を行いたい際に有効

◆**伝える際のロジック**

1．特定の地域や銘柄群における平均価格の推移を表したものを
　　指数と呼ぶ

2．各指数と連動するように運営されている運用商品がETF

3．ETFの運営は情報収集や投資先の選定にかかる手間が不要な分，
　　運営コストを低く抑えられるため，購入手数料が安い

4．ETFは1口単位，数千円程度から投資が可能

5．コストを抑えつつ，手軽に特定の地域や商品に連動する投資が
　　可能となるETFは，投資初心者でも活用しやすい運用商品といえる

第 **4** 章

実践で必要となる
金融知識と経済のトレンド

1. 株式投資が拡大する背景

まずは，われわれの年金について注目してみます。

皆さんは，われわれの年金積立金がどれくらいの利回りで運用されているかご存知でしょうか？

年金の運用を担っているGPIF（年金積立金管理運用独立行政法人）のデータをもとにF学が作成した運用状況をご覧ください。

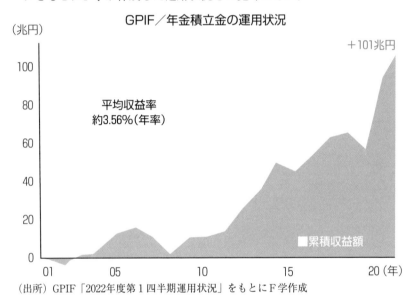

GPIF／年金積立金の運用状況

（出所）GPIF「2022年度第1四半期運用状況」をもとにF学作成

このとおり，われわれの年金はなんと約3.5％もの利回りで運用されています。

ちなみに，この利回りは2001年以降，リーマンショックやチャイナ危機を含めた平均値になります。

年金という性質上，リスクを抑えつつ安定を重視した運用手法が用いられていますが，結果として約3.5％もの利回りをたたき出しています。

　では，この年金積立金は，どのような金融商品を活用して運用されているのでしょうか。1つの成功事例として参考にしてみたいと思います。

　2022年度第1四半期時点での基本的な資産配分は，いたってシンプルです。

　図表で示すと次のとおりです。

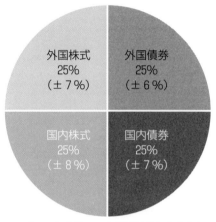

（出所）GPIF「2022年度第1四半期運用状況」をもとにF学作成

　円貨資産と外貨資産が半分ずつ，そして株式と債券が半分ずつというような資産配分で運用されているのが，われわれの年金の原資になります。このように，分散投資をすることで年間約3.5％の利回りをたたき出しています。

　そして，ここで大事なのは，この資産配分は経済環境に応じて適宜変更されているということです。実際に資産配分がどのように変化してきたのか，その推移を見てみたいと思います。

こちらは年金の資産配分の推移になります。

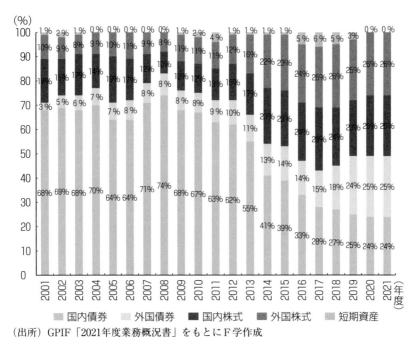

(出所) GPIF「2021年度業務概況書」をもとにF学作成

約20年間の推移を見てみると，債券の割合が減る一方で，株式の割合が拡大していることがわかるかと思います。

では，どうして株式投資の割合が拡大しているのでしょうか？

これには経済環境の変化が影響しています。

どのような変化があったのか，まずは主要国の長期金利の推移を見てみましょう。

こちらは主要国の10年国債の利回りの推移になります。

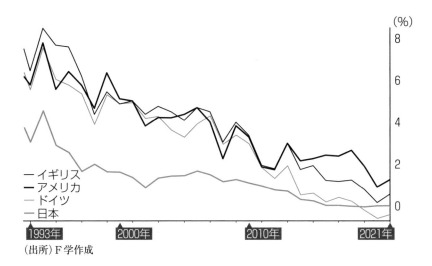

(出所)Ｆ学作成

　ご覧のとおり，地域を問わず10年国債の利回りは下落を続けています。

　日本が長期的に低金利なのはご承知のとおりですが，実は世界的にも金利は下落を続けています。この事実を前提に，前項で学んだ債券の魅力は「金利」という知識をふまえると，債券の運用割合が縮小している理由が理解できるかと思います。

　そして，後ほど詳しくみていきますが，世界の株式に投資した場合の平均的なリターンは年間３％〜５％が相場だといわれています。

　要は，長年世界的に金利が下落してきたことで，債券の魅力が下がり，相対的に株式の魅力が高まったということです。

　その結果，年金積立金の資産配分は運用の効率化のために，債券を減らし，株式を増やすことにつながったということです。

　まとめると，直近20年間の世界的な金利の低下により，債券の魅力が下落した一方で，相対的に株式の魅力が増しているということです。

　このような背景により，最近では，資産配分に株式を組み入れる運用が拡大しています。

　長期的に運用すれば，各資産の運用成果は期待値に収束する傾向があります。これは株式のような比較的変動が大きい資産でもいえることです。

　その点からも，頻繁に運用の資産配分の中身を見直す必要はありませんが，2，3年を目途に長期的な目線で各資産の期待リターンを比較しつつ，効率性を重視しながら資産配分を調整することが必要になります。

─────【ここまでのまとめ】─────

◆**伝えたいポイント**

　効率的な資産運用を目指して資産配分を検討する際は，経済環境に合わせて，期待リターンの高い金融商品を選定することが重要

◆**伝える際のロジック**

1．資産配分を検討する際には，
　　安定的な運用に成功している年金積立金を参考にできる

2．そんな年金積立金の運用資金の資産配分について，
　　最近は株式の割合が増加している

3．株式の保有比率が高まる背景には，
　　長期的な債券の利回りの低下が影響している

4．直近では世界的に金利水準が下落し，
　　相対的に経済の成長の魅力（株式の魅力）が高まっている

5．実際に年金運用の資産配分も効率的な運用先として
　　株式投資の配分が高まっている

6．効率的な資産運用を目指す場合，経済環境に応じて
　　2，3年を目途に資産配分を見直すことが必要

2．株式投資した場合のリターンの目安

　前項で，世界の株式に投資した場合の平均的なリターンは年間3％～
5％が相場だと共有しましたが，その理屈についてみていきましょう。

　まずは，世界の実質GDPの推移と世界の株価の平均値の推移を比較し
てみましょう。

　ちなみに，GDPは，年間でモノやサービスなどの消費にどれくらいお
金が使われたかを表します。

　かみ砕くと「実体経済の規模」というイメージです。

　そして，こちらは世界の実質GDPと世界の株価の推移を表した図表に
なります。

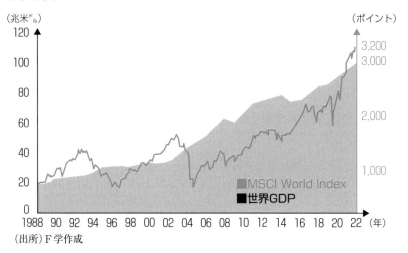

（出所）F学作成

　注目すべきは，GDPと株価の関係性です。長期的な動きを見ると，実
質GDPと株価が連動していることがわかるかと思います。

　要は，実体経済の規模と株価は比例するということです。

　したがって，GDPが毎年どれくらい拡大するのかがわかれば，それに近いペースで株価も上昇すると言い換えることができます。

　では，世界のGDPが毎年どれくらい成長しているのか，実際の数値を見てみましょう。

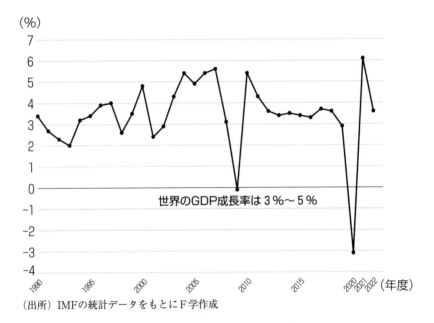

（出所）IMFの統計データをもとにF学作成

　こちらは世界経済の年度別に見た経済成長率の推移になります。

　世界の経済成長率の平均をとれば，3％〜5％程度で推移していることがわかるかと思います。

　このことからも，世界の株式に対して平均的に投資するのであれば，3％〜5％程度のリターンが見込まれるといえます。

　そして大事なのが，この3％〜5％の成長が今後も続くのかということです。

その点についてみていきましょう。

まずは問題です。

日本のGDPのうち，個人の消費が占める割合は何％程度でしょうか？

A．約30％

B．約45％

C．約60％

いかがでしょうか。

正解は，Cの約60％になります。

（出所）内閣府の統計データをもとにF学作成

　日本における1年間の消費のうち，約60％は個人の消費が占めるということです。

では，もう1つ問題です。

米国のGDPのうち，個人の消費が占める割合は何％程度でしょうか？

A．約40％

B．約55％

C．約70％

いかがでしょうか。

正解は，Cの約70％になります。

（出所）FRBの統計データをもとにF学作成

　米国における1年間の消費のうち，約70％は個人の消費が占めるということです。

　まとめると，日米の経済を見た場合，GDPの約60％〜70％は個人消費が占めるということです。

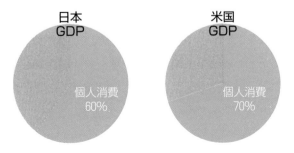

　このように，GDPの60％〜70％は個人の消費なわけですから，人口が増えればGDPは拡大すると言い換えられます。

　そして今後ですが，世界の人口はまだまだ増加すると想定されています。2022年時点の国連の想定では，2080年代まで世界の人口は増加するといわれています。

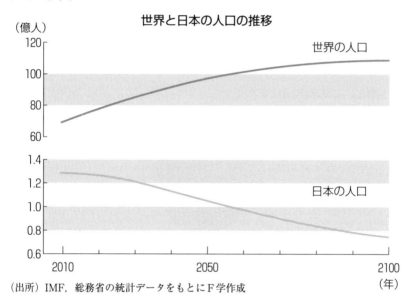

世界と日本の人口の推移

（出所）IMF，総務省の統計データをもとにF学作成

　したがって，世界の人口が拡大するのであれば，今後も世界のGDPの拡大が予測できます。また，先ほど共有したとおり，GDPと株価は連動する傾向が強いので，GDPが拡大するのであれば，株価も上昇すると想定できます。

　そして，今後数十年はこれまでと同程度の人口増加が見込まれている状況をふまえると，これまでの成長率を参考にして，年間3％〜5％程度でGDPの成長が見込まれるため，世界の株式に投資した場合も同じくらいのペースで資産拡大が期待できるということになります。

　また，最近はロボットやAI技術の進化で一人あたりの生産性が高まっていることも，長期的な経済成長を後押しするといわれています。

　一見，短期的な変動に目を向けると，変動の激しさから恐怖心が芽生える株式投資ですが，長期的な目線で考えた場合，平均的には年間３％〜５％程度の資産拡大が期待できるということです。

　一方で，日本の人口に関しては，残念ながら，前頁の図表のとおり今後は減少の一途だと予想されています。このような点からも，国内だけではなく，海外も視野に入れつつお金の置き場所を考える重要性が高まっているといえるかと思います。

　そして大事なのは，短期的な投機ではなく，長期的な投資という目線で資産運用を実践することです。

　短期投資は投資家の心理を読む必要が出てきます。なぜならば，短期的な株価の変動は，人の思惑による売買の影響が大きく，実際の業績と株価の連動性が薄れるからです。

　人の心理を予測して資金を投じる運用が安定的な運用成果につながらないことは，感覚的にもご理解いただけるかと思います。

　日々価格が乱高下する株式投資であっても，長期的に運用することで，期待値にリターンが収束するという事実を理解しておけば，日々の価格変動によるストレスからも解放されるかと思います。そうすることで，安心して資産運用を継続できることにもつながります。

　ぜひここで解説した内容を念頭に，長期目線で株式投資と向き合っていただければと思います。

──────【ここまでのまとめ】──────

◆**伝えたいポイント**

　長期的に見れば，株価上昇率は経済成長率（GDP成長率）に比例するため，長期的に株式投資を行うことで，安定した資産拡大が期待できる

◆**伝える際のロジック**

１．GDP（年間の消費）と株価は連動性が高い

２．GDPが拡大する分，株価も上昇する

３．日米のGDPは60％〜70％が個人消費

４．したがって，人口の増加はGDPの拡大を意味する
　　そして，GDPの拡大は株価の上昇を意味する

５．今後もこれまでと同程度の人口増加が見込まれている状況をふまえると，世界経済の成長のペースもこれまでと同じように，３％〜５％程度と想定できる

６．短期ではなく長期的に世界の株式に投資した場合，
　　年間３％〜５％程度の資産拡大が期待できる

3．効率的な投資先の見つけ方

　皆さんは株式投資を検討する場合，どこの地域に投資をするのか，どのような判断軸をもって選定されますか？

　これまでみてきたように，株式投資は経済成長に対して投資をするので，より経済が成長しそうな地域の企業を選定する必要が出てきます。

　先ほど，平均的に世界の株式へ投資をすれば，年間3％〜5％程度の資産拡大が見込まれることを解説しましたが，平均的な世界の経済成長よりも，さらに成長が見込まれる地域の株式に投資をすれば，より高い運用リターンが期待できるということになります。

　では，そのような魅力的な投資先をどのように選定するのか。その判断方法についてみていきましょう。

　判断する際のポイントは3つのチカラです。

　その3つのチカラとは，「人間力」，「技術力」，「資本力」です。

　どのように判断するのか具体的に解説していきます。

　まずは，「人間力」についてです。

　「人間力」を表す代表的な指標は，生産年齢人口の数です。15歳から64歳の人口が生産年齢人口になります。生産年齢人口は，言い換えるならば，現役の労働者の数になります。

　労働によってその国の経済が循環していることをふまえると，経済成長と労働者の数が比例することはイメージできるかと思います。

　それでは，実際に生産年齢人口の国別ランキングを見てみます。世界銀行が公表している2021年時点の数値になります。

1位「中国」　9億8,853万人
2位「インド」　9億3,978万人
3位「米国」　2億1,479万人

このデータを参考にすれば，魅力的な投資先として，中国，インド，米国という選択肢が見えてきます。
ちなみに，日本は7,415万人と大きく差をつけられています。

次に，「技術力」を見てみましょう。
電気自動車の技術をもって，テスラモータースが急成長し，米国経済，そして世界経済をけん引したように，技術力が経済成長につながることはイメージしやすいかと思います。
そこで，「技術力」を表す代表的な指標として，各国が保有する「特許出願数」を参考にしてみます。
ここでは，実際に特許出願数の国別ランキングについて見てみます。WIPO（世界知的所有権機関）の調査によると，2019年時点で次のような順番です。

1位「中国」　1,328,067件
2位「米国」　521,735件
3位「日本」　453,816件

中国が群を抜く状態となっています。
このデータを参考にすれば，魅力的な投資先として，中国，米国，日本という選択肢が見えてきます。

最後に「資本力」です。

経済成長に「お金」が必要なのはご承知のとおりです。成長に向けて優秀な人材を確保するのにも，設備投資するのにもお金が必要です。

ここでは，ベンチャー企業に対する投資額を国別に見てみたいと思います。言い換えるならば，新しい事業にチャレンジしやすい環境がどれくらい整っているかを表した地域別ランキングになります。

国際連合統計局やベンチャー白書のデータを参考に，データが取られた2019年末時点の各国の為替レートをもとに円換算してみると，次のような順番になっています。

1位「米国」　9兆5,336億円

2位「中国」　3兆3,630億円

3位「欧州」　　8,140億円

このデータを参考にすれば，魅力的な投資先として，米国，中国，欧州という選択肢が見えてきます。

ちなみに，日本は1,976億円と大きく立ち遅れている状況です。

まとめると，

◆人間力（生産年齢人口）

1位：中国　2位：インド　3位：米国

◆技術力（特許出願数）

1位：中国　2位：米国　3位：日本

◆資本力（ベンチャー企業への投資額）

1位：米国　2位：中国　3位：欧州

このようになっています。

　このように，米国と中国がいずれも上位を占めている状況です。

　世界のGDPの規模を見ると，１位は米国，２位は中国となっています。
この事実から，この３つの観点が魅力的な投資先の判断に活用できること
が証明できるかと思います。

　では，この結果をふまえて各国の株価の推移を見てみましょう。

　こちらは，米国（S&P500），中国（上海総合），英国（FTSE100），日
本（TOPIX）の株価について，2000年１月を100としてその後の変動をま
とめた図表になります。

　―S&P500　―上海総合　―FTSE100　―TOPIX

2002/11

2003 2004 2005 2006 2007 2008 2009 2010 2011 2012 2013 2014 2015 2016 2017 2018 2019 2020 2021

（出所）F学作成　　　　　　　　　　　　　　　　　　　　　　　（年）

　やはり，上記３つのチカラで上位を占める米国と中国は，株式の運用成
果も高いことが見てとれるかと思います。

　また，この判断方法は，国だけではなく，特定の企業の魅力を測る際に
も有効です。

　特定の企業の魅力を分析したい際には，その企業に，魅力的な人材がどれくらいいるのか，他社に負けない技術をどれくらい持っているか，資本力はどれくらいあるのか，このような目線を持って分析していただければ判断できるかと思います。

　このように，地域や企業の「人間力・技術力・資本力」を分析することで効率的な投資先の選定が可能になります。

─────【ここまでのまとめ】─────

◆**伝えたいポイント**

「人間力・技術力・資本力」の判断軸をもって投資先を選定することでより効率的な運用が可能となる

◆**伝える際のロジック**

1．魅力的な投資先を選定する際の判断軸は大きく３つ

　①　人間力：経済の成長ドライバー

　②　技術力：新しい付加価値を生み出す力

　③　資本力：成長余力

2．上記３つのチカラが強い米国と中国は実際に株価も上昇している

3．投資する際には，上記３つのチカラを判断軸として，投資先を選定することで，より効率的な投資が可能となる

４．素人が株式投資をすると失敗する理由

まずは問題です。

投資の世界において，ファンドマネージャーに向いているのは，

A．女性

B．男性

どちらだといわれているでしょう？

いかがでしょうか。

正解はＡの女性になります。

「男性よりも女性の方が，統計的に運用の成績が良い」というのは，行動ファイナンスの研究結果としても有名な話です。

これは，人間の"自信過剰"というバイアスが，女性よりも男性の方が強いことが影響しているといわれています。

ちなみに，「バイアス」とは，本能的にやってしまう行動を指します。

要は，女性よりも男性の方が"自信過剰"になりやすいということです。

たとえば，男性は一度儲かった経験をすると「自分には才能がある！」と自信過剰になって，頻繁に売買をするようになるといわれています。その結果，冷静を欠く判断が続き，運用成果が落ちる，というようなイメージです。

他にも，代表的なものとして"プロスペクト理論"があります。こちらはノーベル経済学賞をとるほど有名になった行動経済学の考え方です。

この理論では，人間は「損失」を嫌う生き物といわれています。

つまり，人間は，「利益」を得る時よりも，失う時の方が気持ちの高ぶりが大きくなりやすいということです。図表に表すと次のとおりです。

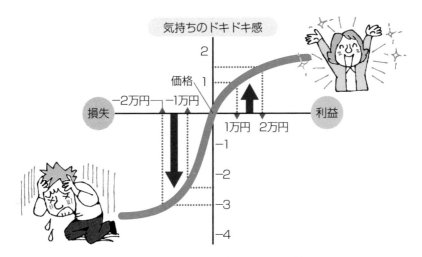

そのため，運用において「損失状態」になると，「損失を確定すること
への恐怖」で萎縮してしまい，なかなか「損失」を確定できず，結果的に
「損失」が拡大しがちだといわれています。

これが「塩づけの株式」が誕生する背景です。

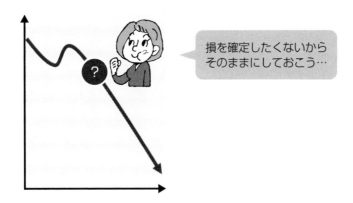

逆に「利益状態」においては，利益に対する喜びよりも「いつか下落に
転じて損をすることが怖い……」と下落への恐怖が勝り，早い段階で利益
を確定してしまいがちだといわれています。

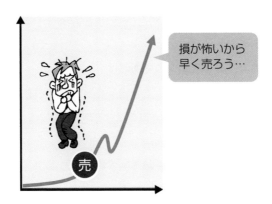

　本来は「利益」は大きく，「損失」は小さくすることが理想ですが，人間はこうしたバイアスによって，「利小損大」の行動をとりがちといわれています。

　こうした行動経済学の観点からも，人間が自己判断で株式の売買を続けても，成功する確率は非常に低いといわれています。

　では，このような人間の特質をふまえたうえで，安定的に資産運用を継続するにはどうすればよいのでしょうか？

　答えは単純です。

　感覚的に株式を売買しないことです。

　それには，自身の感情の影響が出ないように，安定運用に向けて運用手法をしくみ化することが必要になります。

　そして，自身の感情の影響が出ないようにしくみ化する代表的な戦略に「積立投資」が挙げられます。

　この「積立投資」は安定的な資産運用をするうえで重要な知識になりますので，次章で順を追って詳しく解説していきます。

───────────【ここまでのまとめ】───────────

◆伝えたいポイント

　安定した運用成果を目指すのであれば，

　感情に左右されない運用のしくみ化「積立投資」が有効

◆伝える際のロジック

1．人間は本質的に「損失」を嫌う生き物である

2．同じ金額の「利益」と「損失」では，

　「損失」の方がドキドキが大きい

3．「損失」状態になると，「損失」の確定が怖く，

　放置してしまいがち

4．一方，「損失」は放置するのに，

　「利益」はいつか下落して「損失」に変わるのではないかと，

　早々に売却してしまい「利小損大」になりやすい

5．資産運用は，感情的に売買するのではなく，

　安定的な運用成果につながるよう機械的に投資をすることが重要

6．機械的な投資をしくみ化する策として積立投資が有効

成功者が実行している
投資の極意

1. 著名投資家も推奨する「複利運用」とは

　皆さんは，ウォーレン・バフェットという投資家をご存知でしょうか？
世界で5本の指に入る著名な投資家です。

　どれくらいすごい人物かというと，バフェットは14歳の時に50万円の元
手で投資を開始し，その後83歳の時には約5兆8,000億円まで資産を拡大
させることに成功しています。

　なんと約70年間で116万倍まで資産を拡大させています。

　そんな偉大な投資家であるバフェットが，投資のコツを聞かれた際に
「投資の真髄は複利だ」と答えたというのは有名な話です。

　このように，著名な投資家も認めるほど，「複利」は重要な要素になっ
てきます。

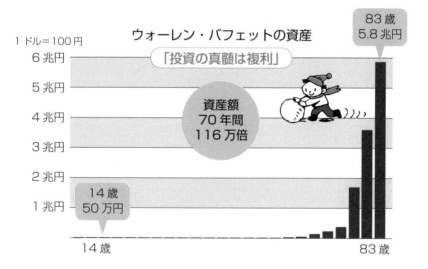

　ここでは，そんな著名投資家も重要視する「複利効果」についてみていきましょう。

　まずは，「単利」と「複利」の違いについてです。

　単利は，定期預金のようなイメージです。利息が出れば，その利息は毎回貯蓄に回し，ひたすら元本に対して利息をもらい続けます。

　したがって，運用原資に対し，利息が毎回同じ金額ずつ積み上がるのが単利の特徴です。

　一方で複利は，毎回利息が増えていくイメージです。

　複利の場合，利息が出ると，利息を貯蓄に回すのではなく，運用原資と利息を合わせて投資を繰り返します。

　こうすることによって運用原資が雪だるま式に膨らみ，もらう利息も日々拡大していきます。これが複利のイメージです。

　それぞれを図表化すると次のようになります。

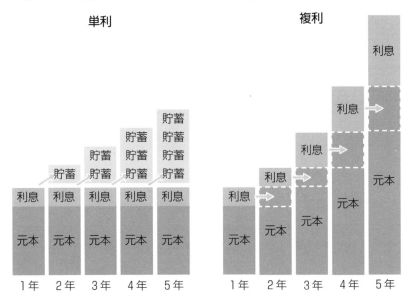

さらにわかりやすく説明するために，ニワトリと卵にたとえてみましょう。ニワトリが1年に1個卵を産むとしましょう。

単利は，ニワトリが卵を産むたびに，その卵を食べてしまうイメージです。

1年目に産まれた卵は，目玉焼きにして食べます。

2年目に産まれた卵は，ゆで卵にして食べます。

3年目に産まれた卵は，オムレツにして食べます。

このように，卵が産まれては食べる，また産まれては食べる，を繰り返すのが「単利」のイメージです。

一方の複利は，産まれた卵を食べずに孵化させるイメージです。

1年目に産まれた卵は，食べずに，孵化させることによって，ニワトリが2羽になります。

2年目には2羽のニワトリから2個の卵が産まれます。この卵も孵化させてニワトリは全部で4羽になります。

3年目には4羽のニワトリから4個の卵が産まれます。

このように，年々産まれる卵が1個，2個，4個と雪だるま式に増えていくのが「複利」のイメージになります。

	単利 卵を食べる	複利 卵をかえしてニワトリに育てる
1年目		元本
2年目		
3年目		

　では，実際にこの複利効果が資産運用においてどれくらいのインパクトを与えるのか検証してみましょう。

　「元本100万円，年利5％，運用期間30年」の条件で投資した場合，単利と複利でどれくらい運用効果に差が出るのか，比較します。

　まずは，単利から見てみましょう。

　元本が100万円で年利が5％なので，毎年5万円の利息がもらえます。

　そして，30年間運用を続けるので，5万円に30年をかけて，30年間で利息の合計が150万円になります。

　これと元本の100万円と合わせて，資産額が30年後には合計250万円になります。

　このとおり，単利で運用した場合は，元本の100万円が30年で合計250万円に拡大します。

　では，複利の場合は，先ほどと同じ条件で運用すると，いくらになるでしょうか？

　「元本100万円，年利5％，運用期間30年」

　A．約332万円

　B．約382万円

　C．約432万円

　※参考：単利の場合は合計250万円

　いかがでしょうか？

正解はCの約432万円です。

それぞれの違いを図表化すると次のとおりです。

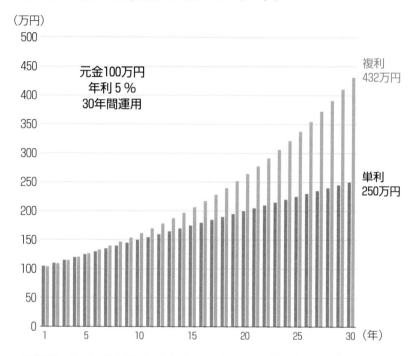

30年間，単利で運用した場合は，合計250万円だったのに対し，複利で運用すれば，合計432万円まで資産が拡大します。

なんと単利運用か複利運用かで182万円もの差がついてしまいます。これが複利のインパクトです。

ちなみに，先ほどの条件で，30年ではなく，50年間運用をした場合，単利だと合計350万円のところ，複利だと合計1,147万円まで資産が拡大します。50年間の運用で，その差はなんと797万円になります。

100万円を年利5％で運用した場合

	10年	30年	50年
複利	163万	432万	1,147万
単利	150万	250万	350万
差	13万	182万	797万

　これが複利の効果であり，資産運用はなるべく早く始めて長期間継続することが重要といわれる所以でもあります。

　ちなみに，皆さんは「72の法則」をご存知でしょうか？

　役に立つ知識ですので，参考までに共有します。

　この法則を使うと，何％で複利運用すると，何年で資産が2倍になるのかを簡単に計算することができます。

　使い方は簡単です。「72」を運用していく金利で割るだけです。「72」を金利で割って出てくる数字が，資産が2倍になるまでの期間となります。

　たとえば，3％の金利で運用する場合，72を3で割ると24という数字が出てきます。この場合，3％の複利で運用すると，24年間で資産が2倍になることを意味します。このように，72という数字を使って，金利を何％で運用すると，何年で資産が2倍になるかということを簡単に計算できます。

魔法の数字「72」

金利	計算式	資産が2倍になるのに必要な年数
3%	72÷3＝24	約24年
5%	72÷5＝14	約14年
10%	72÷10＝7	約7年

　ちなみに，3倍になるまでの期間を求めるときには，「72」ではなく，「115」を使います。「115」を金利で割ると，資産が3倍になるまでの期間が出てきます。

　たとえば，5%の金利で運用する場合，115を5で割ると23という数字が出てきます。この場合，5%の複利で運用すると，23年間で資産が3倍になるということです。

　それでは，この複利を活用する際のポイントについてまとめていきます。

　大事なのは，お金を雪だるま式にどんどん増やすイメージを持つことです。まとまった運用資金ができてから投資を始めるのではなく，投資に回せる資金ができれば，少額であれ早い段階でコツコツと運用に回すのが重要ということです。

　このことを意識すると，日々の差は小さくても，10年，20年と続けていくうちに資産額は雲泥の差になってきます。

　より早く資産運用を始めることで，複利効果を得ることにつながり，効率的に資産が拡大します。皆さんもぜひ複利運用の効果を活かして賢く資産拡大に取り組んでいただければと思います。

────────【ここまでのまとめ】────────

◆伝えたいポイント

「複利効果」を活用することで，より効率的な資産運用が可能となる

◆伝える際のロジック

1．70年間で116万倍まで資産を拡大させた

著名投資家ウォーレン・バフェットも，

資産運用は「複利」が重要という言葉を残している

2．単利は，もらう利息を毎回貯蓄に回し，

ひたすら元本だけを運用し続けるイメージ

3．複利は，利息をもらうたびに元本に上乗せして，

元本と利息を雪だるま式に拡大し続けるイメージ

4．100万円を金利5％で運用した場合，

単利と複利では30年間で182万円，50年間では797万円もの差になる

5．資産運用をする際には，

複利効果を狙って早く投資を始めて長期間継続することが重要

2.「相場が変動するしくみ」を理解する

　前項では，運用の効率性を向上させるためには，「複利運用」が重要だと共有しました。

　ここからは，運用の効率性ではなく，運用成果の安定性を高める手法である「積立投資」についてみていきましょう。

　まず，積立投資が安定運用につながる理屈を理解するために必要な知識として「相場が変動する理由」をみていきます。

　相場は必ず「上昇」と「下落」を繰り返します。これには，企業の設備投資のペースや，イノベーションの周期性など複数の要因が絡むわけですが，ここでは一例として，代表的な相場の変動要因である「国策と相場変動」の関係性について共有します。

　投資の格言で「国策に売り無し」という言葉があります。これは，相場が国の政策の影響を大きく受けるということです。

　国策で相場が変動する例をいくつか挙げてみます。

例）経済危機の対策として国が給付金などお金をばらまく→株価上昇

例）資金循環を活性化するため政策金利を引き下げる→株価上昇

例）国がバブル経済を警戒して政策金利を引き上げる→株価下落

　国の政策によって相場が変動するのはこのようなイメージです。

　したがって，相場の動向を見通すうえで，各国の政策を知ることはとても重要だといわれています。

　ここからは，そんな相場の捉え方についてみていきます。

　相場の変動には「金融相場」と「業績相場」という言葉があります。

　金融相場は，国の政策の影響で相場が上下している状況を指します。

　一方で，業績相場は，実際に企業の利益が出ているかどうかで相場が上下している状況を指します。

　このように，国策への期待感や企業業績の実態によって相場は上下を繰り返しています。

　たとえば，リーマンショックやコロナショックのような経済危機の後に利下げや金融緩和（国が世の中にお金をばらまく政策）を行ったことを好感し，株価が上昇しているような状況は「金融相場」になります。

　そして，その経済対策の効果で実際に企業の業績が向上し，利益が上がることで，さらに相場が上昇することを「業績相場」といいます。

　次に，相場が上昇すると，経済が拡大しすぎてバブルにならないようにと，利上げや金融引き締め（国が世の中に出回っているお金を回収する政策）を行います。そうすると，経済成長の鈍化が懸念され，株価が下落します。このような状況のことを「逆金融相場」といいます。

　そして，その政策の影響で実際に企業の成長が鈍化し，企業の業績悪化が連鎖することで，景気が低迷するような状況を「逆業績相場」といいます。

　このような4局面に分かれて，相場は上昇と下落を繰り返しています。

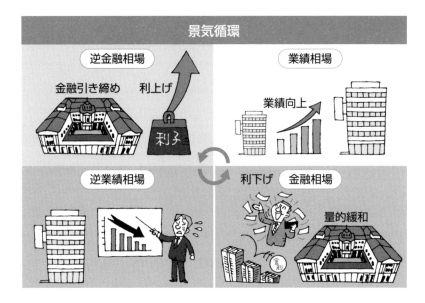

まとめると，相場の上昇・下落の流れは，次のようになります。

① 金融相場（回復局面：大底からの復活）

② 業績相場（上昇局面：上昇が続き天井を形成）

③ 逆金融相場（減速局面：上昇が一旦終了し，景気は鈍化）

④ 逆業績相場（下落局面：下落が続き大底を形成）

　こうした相場が上下する習性を活用して，安定的な運用パフォーマンスを上げる手法が「積立投資」になります。その理屈について，次の項以降で詳しく解説します。

────────【ここまでのまとめ】────────

◆**伝えたいポイント**

　相場の変動は4局面に分けることができ，必ず上昇と下落を繰り返す

◆**伝える際のロジック**

1．相場は必ず上昇と下落を繰り返す

2．相場は大きく4つの局面に分かれる

　①　金融相場（回復局面：大底からの復活）

　②　業績相場（上昇局面：上昇が続き天井を形成）

　③　逆金融相場（減速局面：上昇が一旦終了し，景気は鈍化）

　④　逆業績相場（下落局面：下落が続き大底を形成）

3．相場が上昇と下落を繰り返す習性を活かして

　安定的な運用成果を上げる手法の代表格として

　「積立投資」が挙げられる

3. 国も推奨する「積立投資」のしくみとは

前項では，相場は上下を繰り返すということを共有しました。

この項では，そのような相場が上下するなかで「積立投資」を行うと，どうして，運用成果が安定するのかについてみていきましょう。

実際に投資をした株式が次のような株価の動きだったとします。

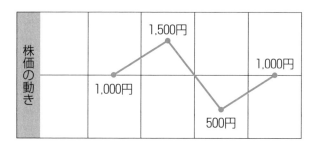

この期間で投資をした場合，株価が最も安い500円のところで購入できればよいのですが，なかなかそうはいきません。これは素人に限った話ではなく，プロの世界でも同じです。

たとえば，敏腕アナリストが理論的に安い水準だと判断して投資をしたとしても，その水準を下回ることはよくあることです。予想外の事象が起きるのが経済だからです。リーマンショックや東日本大震災，コロナショックを誰が予測できたでしょうか。

極端な話，将来のことを予測することなど誰もできないわけです。

したがって，投資をする際には，相場を当てることではなく，相場は上下するということを前提として，いかに運用成果を安定化させられるかが重要になります。

その際に有効になるのが「積立投資」です。要は，乱高下する相場に対し，時間分散を行うことで購入単価を平準化することが可能となり，その結果安定した運用成果につながるということです。

　ちなみに，「積立投資」は国も推奨しているような基本的な運用手法であり，安定運用を目指す際には，必ず出てくるような方法論になります。

　では，そんな積立投資にはどのような効果があるのか，先ほどの株価を例に検証してみましょう。

　先ほどの株価変動のなか，毎月10,000円ずつ積立投資を行ったとしましょう。

　1カ月目は，1株1,000円なので，10,000円で"10株"購入できます。

　2カ月目は，1株1,500円なので，10,000円で"6.7株"購入できます。

　3カ月目は，1株500円なので，10,000円で"20株"購入できます。

　最後の4カ月目は，1株1,000円なので，10,000円で"10株"購入できます。

　合計すると，投資金額は"40,000円"，取得株数は"46.7株"になります。したがって，平均購入単価は1株856.5円（40,000円÷46.7株）となります。

株価の動き		1,000円	1,500円	500円	1,000円	合計	平均購入価格
定額購入法の場合	購入株数	10株	6.7株	20株	10株	46.7株	1株あたり
	購入額	10,000円	10,000円	10,000円	10,000円	40,000円	856.5円

　ここでのポイントは，毎月同じ金額ずつ購入することで，下落局面では安く，多くの株式を購入する一方で，上昇局面の株価が高い状況では，購入株数を抑えることが可能になるということです。その結果，購入単価の平準化につながります。

　ちなみに，このように同じ金額ずつコツコツ買い貯める運用手法を「ド
ルコスト平均法」と呼びます。

　そして前項で共有したとおり，株式市場は日々上下しながらも，長期的
に見れば拡大を続けるということを前提に考えると，平均的な単価で株式
を購入できれば，安定的な資産拡大につながるということは理解できるか
と思います。

　これが「積立投資」が安定的な運用成果につながる理由になります。

　また，投資をする際には，より成長が見込まれる投資先を選ぶことも大
事ですが，日々変動する相場にドキドキして投資を継続できなければ意味
がありません。そのような観点からも，安定的な運用成果を生み出す手法
である「積立投資」を用いて，安心して投資を継続できる体制を整えるこ
とも重要になります。

　ぜひ積立投資の有効性を理解し，安定的な資産拡大につなげていただけ
ればと思います。

　次項では，投資家の心理面にフォーカスして積立投資の有効性について
触れていきます。

─────【ここまでのまとめ】─────

◆**伝えたいポイント**

　投資は相場を当てるのではなく，相場は上下することを前提に積立投資など安定的な運用成果を生み出す運用手法を用いることが重要

◆**伝える際のロジック**

１．投資のコツは将来を予測するのではなく，
　　安定的な運用成果につながる運用手法を用いること

２．相場には必ず「上昇」もあれば「下落」もある

３．価格が上下するなか，積立投資を行うと
　　購入単価の平準化につながる

４．株式市場などの長期的に拡大が見込める投資先に対し，
　　購入単価の平準化が可能となる「積立投資」を用いることで
　　安定的な運用成果につながる

4．投資家の心理から見る積立投資の魅力

　ここでは，投資家心理の特徴をふまえた積立投資の有効性についてみていきましょう。

　まずは問題です。

　株式相場が上昇と下落を繰り返すことはすでに共有しました。

　株式相場には必ず「山」と「谷」が存在するということですが，「谷」から「山」への上昇期間と，「山」から「谷」への下落期間で平均をとると，その期間はどちらの方が長いでしょうか。

１．上昇／２．下落

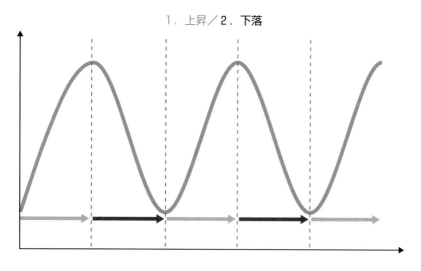

　正解は，上昇期間の方が長い傾向がみられます。

　次の図表のようなイメージです。

正解：1．上昇

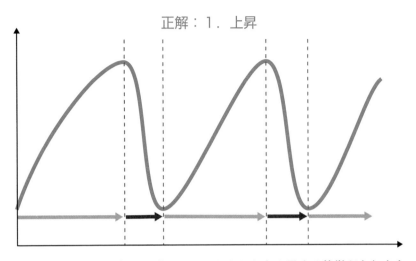

　株価はストンと一気に下落しては，じわじわと上昇する特徴があります。リーマンショックやコロナショックの時をイメージすると，下落の期間が短いのは想像しやすいかと思います。

　では，実際の株価を見てみましょう。

　米国の株式市場全体を見るときに活用するＳ＆Ｐ500を参考にしてみます。ちなみに，Ｓ＆Ｐ500は米国を代表する企業500社の株価の平均値になります。

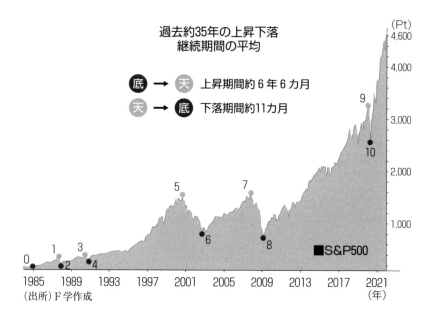

過去約35年の上昇下落
継続期間の平均

底 → 天 上昇期間約6年6カ月
天 → 底 下落期間約11カ月

■S&P500

（出所）F学作成

　上の図表がS&P500の推移ですが，わかりやすいように，株価の「山」と「谷」に印をつけています。

　そして，1985年以後，約35年間のS&P500について，株価の「谷」から「山」への上昇期間と，「山」から「谷」への下落期間，それぞれの平均期間を計算してみました。

　試算の結果は，なんと上昇期間が約6年6カ月だったのに対し，下落期間はわずか1年にも満たず，約11カ月という結果になっています。

　先ほど問いを通じて共有したとおり，上昇期間は長く，下落期間は短いという結果になっています。

　そして，この相場の特徴を資産運用で活かす際に大事なのが，投資で成功するための原理原則です。それは実にシンプルで，投資で資産を拡大するコツは，いかに安く買って，高く売るかということです。下落期間は「買いのチャンス」なのです。

　そして，そのチャンスである下落の期間は，上記のとおり圧倒的に短いものです。

　しかも，急落する株価を前に買いの注文を出すのは，なかなか心理的に難しいのが現実です。リーマンショックやコロナショックの真っ最中に株を買えた人がどれだけいたでしょうか。

　「100年に一度の大暴落」とか，「年末までに株価半値の可能性も……」なんてニュースを毎日見ると，「もう少し下がるんじゃないか……」，「底が見えたら買おう……」と感情が購入にブレーキをかけるのが一般的な心理状況かと思います。

　このように自己判断での売買では，「購入」の決断を下すのが難しい下落局面で，確実に株を買い貯められるのも，積立投資の魅力になります。感情的な売買ではなく，機械的に売買するしくみを用いることにより，投資のチャンスである下落時にも確実に投資することが可能になります。

　積立投資は，感情的な売買による運用成果の機会損失を防ぐ効果も兼ね備えているのです。

　ここまで投資家心理の特徴をふまえた積立投資の有効性について解説してきました。次の項では，積立投資をどれくらいの期間継続すればよいのか，この点について解説します。

─────┤【ここまでのまとめ】├─────

◆伝えたいポイント

　積立投資は，感情的な売買による運用成果の機会損失を防ぐという
魅力も兼ね備える

◆伝える際のロジック

１．相場の特徴として，上昇期間よりも圧倒的に下落期間の方が短い

２．投資するタイミングとしては上昇期間よりも下落期間の方が好機

３．投資家心理的に下落期間に投資をするのは難しい

４．下落のチャンスに確実に投資をするという観点でも
　　積立投資は有効な策といえる

５．長期運用は10年以上といわれる理由

　前項では，積立投資の魅力についてみてきました。

　この項では，その積立投資をどれくらいの期間続ければ，より運用成果が安定するのかという点についてみていきます。

　改めてですが，「投資」を成功に導くポイントは，いかに安く買って，高く売るかということになります。

　したがって，積立投資をする際，「山」と「谷」がある相場で，いかに「大底」を通過するかが重要になります。「大底は買いのチャンス」ということです。

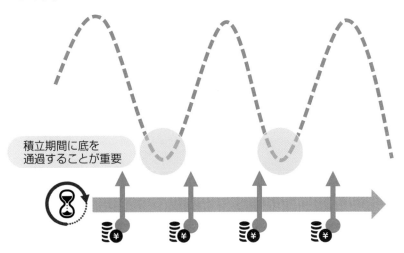

積立期間に底を
通過することが重要

　では，そのチャンスはどれくらいの周期でやってくるのでしょうか？

１つの目安として，景気は10年周期といわれています。相場は10年のサイクルで「山」と「谷」を繰り返しているということです。

　要は，景気の周期性からいえば，10年周期で「大底」（チャンス）がやってくるということです。

　この周期性をもとに積立投資を継続する参考期間を考えると，10年以上積立投資を継続することで，一度は投資のチャンスである「大底」を通過することになります。そして，その「大底」で安くたくさん買い貯めた分が，その後の上昇で一気にパフォーマンスにつながるということになります。

　このような理屈から，積立投資は10年以上を目安に継続することで運用成果がより安定するといわれています。

　では，景気は本当に10年周期なのか，実際の相場を見てみましょう。

　こちらは約30年間の日経平均株価のチャートになります。

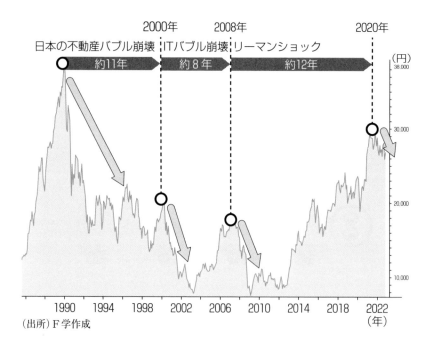

（出所）Ｆ学作成

　この日経平均株価をもとに景気の周期性を確認してみましょう。

　大きな下落局面について注目してみます。

◆1989年に日本のバブルが崩壊

　〜約11年後

◆2000年にITバブルの崩壊

　〜約8年後

◆2008年にリーマンショック

　〜約12年後

◆2020年にコロナショック

　このように，おおよそ10年周期で景気が上下を繰り返していることがわかるかと思います。

　先ほども述べたように，この景気の周期性をもとに考えると，10年以上，積立投資を継続すれば，一度は大底を通過することが可能となり，安定的な運用成果につながるということです。

　そして，大事なのは，目先の変動にビビって投資をやめないということです。

　極端な例ですが，積立投資を始めてすぐに金融危機や経済危機が起きたとしましょう。その場合，予想外の展開に不安が拡大し，一旦積立投資の買い付けを止めた方がよいのではないかという疑念が生まれがちです。

　しかし，このようなシチュエーションで大事なのが，「下落はチャンス」という発想です。先ほど述べたように，下がり続ける相場はありません。「谷」もあれば「山」もあるのが相場です。かつ，いかに「谷」を通過するかが積立投資のポイントなのです。

　したがって，積立投資をするなかで，早めに「谷」がくるのは喜ばしい状況になります。

　このように，正しい認識を持って下落相場と向き合うことで，安心して積立投資を継続することが可能となり，結果的に安定的な資産拡大につながるかと思います。

　まとめると，

1．相場の下落はチャンス

2．「底」を通過すること

3．10年間を目安に継続すること

　この3点を押さえて積立投資を実施することが，資産運用を成功へと導いてくれるかと思います。

─────────【ここまでのまとめ】─────────

◆伝えたいポイント

　積立投資は10年以上継続することでより安定した運用成果につながる

◆伝える際のロジック

1．景気は必ず「山」と「谷」を繰り返す

2．積立投資は「大底」を通過することが重要

3．景気の循環は10年周期といわれる

4．景気の周期性をふまえると10年以上継続することで
　「大底」を通過する可能性が高まる

5．10年以上積立投資を行うことで安定した運用成果が見込まれる

6．積立投資のインパクトの検証

　改めてですが，日本を代表する企業225社の株価の平均を「日経平均株価」といいます。

　この日経平均株価は，日本がバブル絶頂期の平成元年（1989年）の年末につけた38,915円がこれまでの最高値です。その後，下落を続け，この高値を一度も超えることがなかったのが，平成時代の株価変動になります。

　では，この最高値を記録した平成元年（1989年）12月に日経平均株価に一括投資をして，約30年後の平成30年（2018年）の年末に売却した場合，資産はどれだけ目減りしたでしょうか？
　　A．約20％
　　B．約40％
　　C．約80％

　いかがでしょうか？

　正解はBの約40％です。
　実際の変動は次のとおりです。

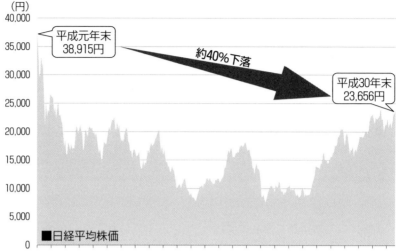

(出所) F 学作成

　日経平均株価は，平成元年（1989年）の年末に38,915円をつけた後，平成30年（2018年）の年末には23,656円まで下落しています。その下落幅は約40%となっています。

　したがって，日経平均株価へ最高値で一括投資をしていた場合，約30年間で約40%の損失が生じ，資産額が約60%まで目減りしてしまっていたということになります。

　次に，この同じ30年間に毎月１万円ずつ現金積立をしていたら，いくら貯まっていたでしょうか？

　毎月１万円を12カ月，30年間貯蓄できるので，１万円×12カ月×30年間で360万円貯まることになります。

　では，同じ期間に現金積立ではなく，約40%下落した日経平均株価に毎月1万円ずつ積立投資をしていた場合，資産は何倍になったでしょうか？

　A．約0.9倍

　B．約1.2倍

　C．約1.6倍

　※参考：一括投資の場合，約40%の損失

　いかがでしょうか？

　正解はCの約1.6倍になります。

　同じ期間に毎月1万円ずつ現金積立をしていた場合には360万円だった資産が，なんと約1.6倍の587万円まで膨らむ結果になっています。

　図表に表すと次のとおりです。

（出所）F学作成

　黒色の点線が，毎月1万円ずつ現金積立をしていた場合の資産の増え方，青色の実線が，日経平均株価に毎月1万円ずつ積立投資をしていた場合の資産額の推移になります。

　これだけもの差が生まれた理由はシンプルです。
　日本経済のバブル崩壊後，積立投資により取得単価を平準化したことで長期的な株式市場の回復の恩恵を受けることが可能となり，安定的な運用成果につながったということです。
　これが，まさに先ほど解説した積立投資（ドルコスト平均法）のインパクトです。相場は上下を繰り返しながらも成長するという前提のもと，取得単価を平準化することで資産拡大につながるのです。
　この効果によって資産が約1.6倍まで成長したということになります。

　このように，実際の経済をもとにしたシミュレーション結果からも，株式のような相場が上下を繰り返す商品への積立投資は有効ということが，実感いただけるかと思います。

───────【ここまでのまとめ】───────

◆**伝えたいポイント**

　過去の相場をもとにしたシミュレーション結果からも，

　上下を繰り返す相場への積立投資は有効といえる

◆**伝える際のロジック**

１．日経平均株価の最高値は平成元年（1989年）の12月末

２．日経平均株価は平成元年から約30年間で約40％も下落している

３．その期間に現金積立，一括投資，積立投資を行っていた場合の

　　結果は次のとおり

　①　現金積立の場合を「100％」とする

　②　一括投資だと資産額は「60％」に目減り

　③　積立投資だと資産額は「約160％」まで拡大

４．実践的な検証をしてみても，

　　上下を繰り返す相場への積立投資は有効といえる

7. 出口戦略から考える「積立投資×株式投資」の魅力

　株式投資は「買う時よりも，売る時の方が難しい」といわれるように，投資をした場合には出口戦略を考えることも重要です。

　そこで最後の項では，出口戦略についてみていきましょう。

　早速ですが，問題です。

　仮に皆さんが，現在40歳で20年後を目安に，老後に向けて資産運用を検討していたとしましょう。

　そして，皆さんは，毎年100万円ずつ積立投資をすることを決めました。投資先は次の2つです。皆さんならどちらに投資しますか？

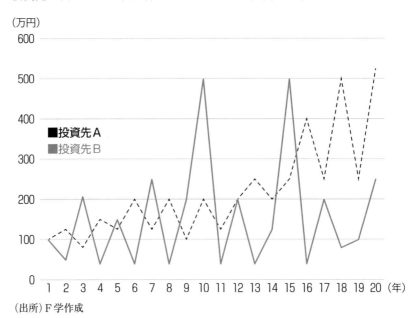

（出所）F学作成

　いかがでしょうか？

　ぜひその投資先を選ぶ根拠まで考えてください。

パッと見ると，振れ幅が大きい「投資先B」は怖さもあるため，「投資先A」を検討される方が多いのではないでしょうか。

しかし，出口戦略を考えた場合，有効なのは「投資先B」になります。
では，どうして「投資先B」の方が有効といえるのでしょうか？

その根拠をお伝えする前に，もう1つだけ問題にお付き合いください。
先ほどの「投資先A」と「投資先B」に，それぞれ毎年100万円ずつ，20年間投資をした場合，運用成果が良いのはどちらだと思いますか？

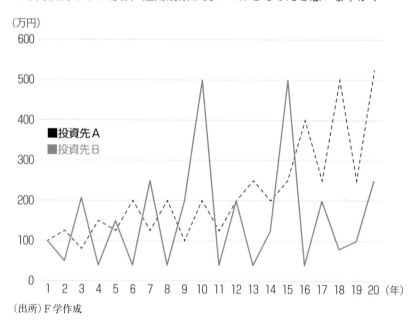

(出所) F学作成

いかがでしょうか……？

　なんと，答えは，どちらも一緒の資産額になります。

　「投資先A」，「投資先B」にそれぞれ100万円ずつ投資をした場合，20年後の評価額はどちらも6,225万円になります。

　では，どちらも同じ投資結果にもかかわらず，なぜ値動きの荒い「選択肢B」の方が有効といえるのでしょうか？

　その根拠についてみていきましょう。

　ポイントは，不足する資産のために資産運用を行うという観点です。

　資産運用を行う際には，目標金額を定めることが重要だといわれています。たとえば，老後の生活費のために2,000万円とか，将来のリフォーム代のために1,000万円とか，具体的な使用時期と目標金額を定めて実行することが資産運用では重要になってきます。

　では，先ほどの問題に戻りましょう。

　現在40歳で目標の時期を20年後の60歳，目標金額を6,000万円に定めて，毎年100万円ずつ「選択肢B」に投資をしたとしましょう。

　その場合の資産額の推移は，次のとおりです。

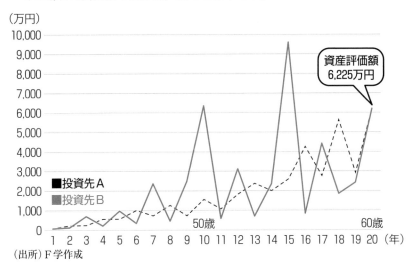

（出所）F学作成

　たしかに，20年後の60歳時点の資産額は，「選択肢Ａ」も「選択肢Ｂ」も変わらないことがわかるかと思います。

　では，「選択肢Ｂ」に注目してみましょう。

　まず注目すべきは，運用開始10年後の50歳時点です。

　図表を見ると，なんと積立開始から10年目の50歳で目標の6,000万円に達しています。ここで，実際に運用していた場合，このような状況で何が起こるかイメージしてみましょう。

　人間は欲深い生き物です。目標の半分の期間で目標の金額が準備できてしまったわけです。こんな状況になると，「ちょうど車を買い替えたいと思っていたところだった。あと車１台分上がれば，利益確定しよう……」なんて欲が芽生えてきます。

　そんなこんなで，利益確定するか悩んでいると，図表の11年時点のように相場が急落し，6,000万円が絵に描いた餅になってしまいました……。

　これは現実世界でもよくあるシーンです。

　何が言いたいかというと，一度のチャンスで確実に利益確定できるかというと，なかなか難しいのが現実ということです。

　では，続きを見てみましょう。

　11年以降の資産額の推移に注目してください。

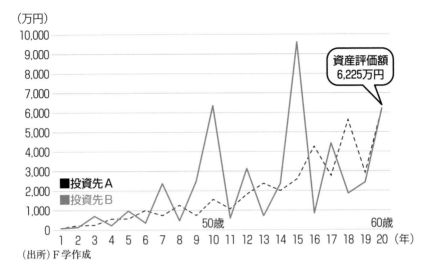

（出所）F学作成

　その後，6,000万円が絵に描いた餅になったため，仕方なく積立投資を続けていると，また上昇局面を迎えます。次こそは上手に利益確定しようと決めていたものの，相場がぐんぐん上昇します。ついでに直前の下落で安くたくさん購入していたおかげで，前回よりも資産の拡大ペースが早い状況です。

　こんな状況では，どんな感情が芽生えてくるでしょうか？

　おそらく，急拡大する資産を目の前にして，「こんなタイミングで確定するのはもったいない……。ちょうど家のリフォームもしたいと考えていたところだし，目標金額を引き上げて，１億円を目指そう！」なんて発想が生まれてきたりします。

　このように資産が急拡大するような状況では，欲に負け，無意識に売らない理由づけを始めるのもよくあることです。

　そんな葛藤をしている矢先に，これまた相場が急落します。

「自分はなんて投資のセンスがないんだ……」と悔やんでいても相場は
待ってくれません。仕方なく積立投資を継続していると，目標の20年を前
に相場が反転し始めます。

　そして，これまでほど「投資先Ｂ」の価格は上昇せずとも，今回も安く
たくさん買い貯められたおかげで，小幅な上昇にもかかわらず目標の
6,000万円に到達し，ようやく３度目の正直で利益確定し，理想の人生を
手に入れることができた……，というようなストーリーは共感いただける
のではないでしょうか？

　これが出口戦略の難しさです。
　私も証券会社勤務時代にこのようなシーンを数多く見てきましたし，自
身でも多々経験しています。

　ここでお伝えしたかったのは，出口戦略を考える際に，投資先の振れ幅
は味方になりうるということです。
　たとえば，株式を投資対象とする投資信託は，債券を投資対象とする投
資信託に比べて，価格の振れ幅が大きい特徴があります。
　これから投資を始めようとする投資初心者の方にこのような特徴を伝え
ると，振れ幅の大きさを懸念し，株式型のものを避ける傾向があります。
気持ちはわかりますが，一方で出口戦略を考えた場合，ある程度の振れ幅
がある方が出口の機会も増え，目標金額を準備しやすいという利点を理解
することが重要です。
　このような観点からも，積立投資を行う際には，ある程度の振れ幅のあ
る投資先を選択することが有効な策になりうるといえます。

　ただし，振れ幅は大きければ大きいほど良いという話ではありません。

　たとえば，業績が悪化し，短期売買の対象となっているような新興企業の値動きは，株価の振れ幅が大きい傾向がみられます。このような企業に積立投資をしていても，その企業が倒産したら資産はパーになります。

　したがって，積立投資をする際には，複数の企業や国などに分散投資を行うなど，一定の安定性を確保したうえで，ある程度振れ幅がある先に投資をすることが重要になります。このような観点からも，複数の銘柄が組み入れられている投資信託やETFは積立投資を行う対象として魅力的といえます。

　以上のように，投資をする際には出口戦略を見据えて投資先を選定することも欠かせないポイントであることをご認識いただければ幸いです。

───【ここまでのまとめ】───

◆伝えたいポイント

　出口をふまえて，積立投資の投資先を検討すると，安定性を確保したうえで，ある程度価格の振れ幅がある先に投資をする手法が有効

◆伝える際のロジック

1．資産運用は，具体的な使用時期と目標金額を設定することが重要

2．資産運用の出口を考えた場合，
　一度の機会で利益確定するのは難しい

3．振れ幅のある先に投資することにより，出口の機会が拡大する

4．出口戦略を考えた場合，安定的，かつある程度の価格変動が
　見込まれる先に積立投資をする手法は有効といえる

おわりに

　ここまでいくつかのテーマに分けて金融知識の必要性から資産運用の重要性まで解説させていただきました。長寿化が進む日本で金融知識の重要性は今後さらに拡大していくかと思います。

　本書の内容で1つでも参考になったものがあれば，ぜひ周囲の方々と共有いただき，皆さんが核となり，金融教育の輪を広げていただければ幸いです。

　皆さんと一緒にお金を学ぶ文化を日本に根づかせ，日本経済の発展までつなげたいと考えています。本書を通じて，その一助となるエッセンスを共有できていればと願っています。

　最後まで本書にお付き合いいただきありがとうございました。

《著者紹介》

園田　裕樹（そのだ　ひろき）

株式会社Ｆ学　代表取締役社長

野村證券株式会社出身。その後，不動産系ファンドにて東証への上場を経験。上記の業務に携わるなかで“金融リテラシーの低さ”と“金融を学ぶ場がないこと”に問題意識を持ち，この問題点を解決し“経済の発展”に貢献したいと考え株式会社Ｆ学を創業。現在は，福岡信用金庫の総代も兼任。

投資の教科書
資産形成に関わる皆さまへ

2023年4月20日　第1版第1刷発行

著　者	園　田　裕　樹	
発行者	山　本　　　継	
発行所	㈱中　央　経　済　社	
発売元	㈱中央経済グループ パブリッシング	

〒101-0051　東京都千代田区神田神保町1-31-2
電話　03（3293）3371（編集代表）
　　　03（3293）3381（営業代表）
https://www.chuokeizai.co.jp
印刷／文唱堂印刷㈱
製本／㈲井上製本所

ⓒ2023
printed in Japan

＊頁の「欠落」や「順序違い」などがありましたらお取り替えいたしますので発売元までご送付ください。（送料小社負担）
ISBN978-4-502-45611-4　C3034